FRANJO TERHART

TEMPELRITTER

FRANJO
TERHART

TEMPELRITTER

DIEDERICHS KOMPAKT

Bibliografische Information Der Deutschen Bibliothek:
Die Deutsche Bibliothek verzeichnet diese Publikation
in der Deutschen Nationalbibliografie;
detaillierte bibliografische Daten sind im Internet
über http://www.dnb.ddb.de abrufbar.

Textredaktion: Barbara Imgrund, Heidelberg
Umschlaggestaltung: 'Werkstatt München /
Weiss · Zembsch
unter Verwendung eines Motivs von Interfoto
Pressebild-Archiv, München
Produktion: Ortrud Müller
Satz: EDV-Fotosatz Huber/Verlagsservice G. Pfeifer,
Germering
Druck und Bindung: Huber, Garching-Hochbrück
Printed in Germany

ISBN 3-7205-2462-0

INHALT

Kastentexte

EINFÜHRUNG

Schier unermesslicher Reichtum, dunkle Intrigen und geheime Lehren – all dies ist untrennbar mit dem geheimnisumwitterten Orden jener Kriegermönche mit dem roten Tatzenkreuz verbunden, die sich selbst die »Armen Ritter Christi vom Tempel Salomons« nannten, allgemein jedoch besser bekannt sind als die Templer.

Innerhalb einer Zeitspanne von 200 Jahren entwickelte sich aus einer ursprünglich neunköpfigen Gruppe französischer Adeliger die wohl mächtigste und geheimnisvollste Organisation des Abendlandes. Offiziell war der Orden gegründet worden, um sowohl die Stätten der Christenheit als auch die frommen Pilger im Heiligen Land selbst zu beschützen. Doch von Anfang an legten die Kriegermönche äußerst seltsame Verhaltensweisen an den Tag: So gruben sie auf dem salomonischen Tempelberg in Jerusalem, waren fasziniert von ihren Gegnern, den meuchelmörderischen Assassinen, deren Militärstruktur sie übernahmen, pflegten Kontakte zu Ketzern wie den Katharern oder zu magischen Baubruderschaften wie den »Kindern Salomons« und betätigten sich insgesamt mehr als Sucher nach mystischen Schätzen und geheimem Wissen denn als strenggläubige Christen.

Als Hüter kostbarer Reliquien – darunter Holz vom Kreuze Christi, der Kopf Johannes des Täufers, die Dornenkrone, die Bundeslade, das berühmte Turiner Grabtuch –, vor allem aber als vorgebliche Besitzer des Heiligen Grals kamen sie rasch in einen ebenso geheimnisvollen wie unheimlichen Ruf. Zudem häuften sie überall in Europa so viel Grundbesitz an, dass ihr Reichtum schon den Zeitgenossen sagenhaft erschien. Die Templer erfanden Kreditbrief und Girokonto, auch wenn jeder einzelne Ritter in Armut lebte. Sogar der französische König lieh sich von ihnen Geld und suchte in einer ihrer zahlreichen Burgen Schutz vor seinen Feinden.

Für einen Autor, der auch historische Romane schreibt, stellen die Templer eine unerschöpfliche Fundgrube an Mythen, Geheimnissen und wahren Geschichten dar. Da sich sowohl das eine als auch das andere nur schlecht oder einseitig aus der veröffentlichten Literatur über den Orden gewinnen lässt, fing ich irgendwann damit an, mich selbst vor Ort auf die vielerorts in Europa und im Heiligen Land vorhandenen Spuren des Mönchsritterordens zu begeben. Ich reiste jahrelang umher und besuchte unzählige Kirchen, Kapellen, Burgen und Bauten der Templer. Dabei stieß ich auf einen seit dem Mittelalter in Vergessenheit geratenen unterirdischen Tempel des Ordens sowie auf geheimnisvolle, aber dennoch sehr aufschlussreiche Graffiti und Fresken der Templer.

So erstand vor meinen Augen im Laufe der Zeit eine immer klarere Vorstellung von diesem einzigartigen Orden. Und auch wenn wohl für immer manches an den Tempelrittern im rätselhaften Dunkel bleiben wird, ist es dennoch möglich, ein realistisches und zugleich spannendes Bild von ihrem Wesen und Wirken, aber auch und vor allem von ihrem Geheimnis zu zeichnen.

EINE GEHEIMNISVOLLE ORDENSGRÜNDUNG

Die Anfänge des Templerordens liegen in Jerusalem und sind ebenso verworren wie geheimnisumwittert. Ihnen voraus ging der erste Kreuzzug, zu dem Papst Urban II. im Jahre 1095 aufgerufen hatte, um Jerusalem von den »Heiden« zu befreien. Vier Jahre später, am 15. Juli 1099, eroberte ein Kreuzfahrerheer unter Führung Gottfrieds von Bouillon nach schweren Kämpfen die Heilige Stadt.

Im gleichen Jahr entstanden neben der Provinz Jerusalem – unterteilt in Stadt und Königreich – die Grafschaften von Tripolis (Libanon) und Edessa sowie das Fürstentum Antiochia (Syrien). Outremer, wie die Christen ihr neu geschaffenes Reich in Palästina nannten, sollte dauerhaft gegen die Moslems verteidigt werden. In der Folge entstanden die mittelalterlichen Ritterorden, deren Aufgabe es – neben der Sicherung der neuen Fürstentümer – war, die anhaltenden Pilger- und Siedlerströme ins Heilige Land zu schützen.

Zwei Teilnehmer des ersten Kreuzzugs waren maßgeblich an der Gründung des Templerordens beteiligt: Hugo von Payens (gest. 1136) und Gottfried von Saint-Omer. Als Jerusalem 1099 geplündert und alle Besitzungen unter den adeligen Invasoren aufgeteilt wurden, fassten diese beiden Männer den Plan, einen eigenen Ritterorden ins Leben zu rufen, der sowohl den Pilgerweg als auch die heiligen Stätten der Christenheit bewachen sollte. Das Besondere an diesem Orden: Er wollte das Mönchs- und das Ritterideal miteinander in Einklang bringen.

Zwar kennen wir das genaue Jahr der Gründung nicht (obwohl sich zahlreiche Nachschlagewerke auf

1119 festlegen), wissen jedoch, dass sie unter Balduin II., König von Jerusalem (reg. 1118–1131), zwischen 1118 und 1120 erfolgt sein muss. Vermutlich ist 1120 die korrekte Jahreszahl, denn einer Aussage des heiligen Bernhard von Clairvaux (um 1090–1153) zufolge soll der Orden im neunten Jahr seines Bestehens durch das Konzil von Troyes gebilligt worden sein. Dieses Konzil wiederum fand am 13. Januar 1128 statt – ein Datum, das auf dem damals im Nordosten Frankreichs üblichen Kalender basiert, bei dem das Jahr nicht am 1. Januar, sondern erst am 25. März, am Tage von Mariä Verkündigung, begann. Nach unserem heutigen Kalender trat das Konzil von Troyes also ein Jahr später, nämlich am 13. Januar 1129, zusammen. Damit wäre das Gründungsjahr des Ordens tatsächlich das Jahr 1120.

Sieben Gesinnungsgenossen legten zusammen mit Hugo von Payens und Gottfried von Saint-Omer das Mönchsgelübde auf dem Berg Moria, dem Tempelberg im Herzen Jerusalems, ab und gelobten feierlich Armut, Keuschheit und Gehorsam. Als viertes Gelübde kam der Kampf gegen die Ungläubigen hinzu – es rief die Templer zum Schutz der Pilger und zur Beteiligung an der Rückeroberung des Grabes Christi auf. Denn alles in allem ruhte die christliche Herrschaft in Outremer auf einer eher dünnen, kaum tragfähigen Basis.

WER WAR HUGO VON PAYENS?

Wer sich mit dem Templerorden befasst, kommt an seinem Ordensgründer Hugo von Payens nicht vorbei. Wir wissen nicht viel von ihm, und doch scheint er eine der Schlüsselfiguren zum Geheimnis der Templer zu sein. Was bewog ihn nur dazu, diese Schwertbruderschaft ins Leben zu rufen? Folgte er womöglich einem geheimen Auftrag?

Geboren wurde Hugo vermutlich 1070 in Payens, einem kleinen Dorf nordwestlich von Troyes. Diese Stadt war damals ein wichtiges Zentrum für Kaufleute wie spirituelle Sucher und Nährboden für verbotenes geistiges Wissen jeglicher Art – eine kirchengefährliche Mischung aus jüdischer Kabbala und Gnosis. Chrétien von Troyes lebte hier, Autor des *Perceval*, der eines der wichtigsten Bücher über den Heiligen Gral darstellte. Nahe Troyes befindet sich noch heute jener geheimnisvolle »Wald des Orients« – sehr früh schon Eigentum des Templerordens –, von dem niemand genau weiß, wie er zu seinem ungewöhnlichen Namen kam. Bis auf den heutigen Tag birgt er so manches Geheimnis. So erzählt man sich von unterirdischen Stollen und Gängen, die die Tempelherren hier einst graben ließen. Zu welchem Zweck, vermag niemand zu sagen.

In dieser Gegend also, in der auch nichtchristliche religiöse Strömungen toleriert wurden, wuchs Hugo von Payens auf. Er war Laie und verheiratet mit der Kusine Bernhards von Clairvaux, Catherine von Saint Clair, einer schottischen Adeligen. Ihre Familie unterhält dort bis heute unter dem Namen Sinclair umfangreiche Ländereien; außerdem gehört ihr auch die mysteriöse Rosslyn Chapel nahe Edinburgh, die Jahrhunderte später für die englischen Freimaurer große Bedeutung erlangen sollte und noch heute in dem Ruf steht, unbeschreibliche Schätze und Reliquien aus dem Besitz der Templer zu beherbergen.

Leider gilt nur sehr Weniges aus dem Leben Hugos als gesichert. So hatten er und seine Frau einen

Sohn, Thibaud, der Abt von Sainte-Colombe wurde. Als er seinen Vater nach Jerusalem begleitete, nahm er eigenmächtig einen Teil des Klosterschatzes mit, was die Mönche von Sainte-Colombe gegen ihn aufbrachte: Sie schimpften ihn empört einen gemeinen Dieb.

Man nimmt an, dass Etienne Harding (1059–1134) hinter Hugos erneuter Entsendung ins Heilige Land stand. Unmittelbar nach seiner Rückkehr aus Jerusalem besuchte Hugo von Payens diesen Mann Gottes, unter dessen Priorat (1108–1133) das Kloster Cîteaux bei Dijon zu einem Zentrum für das Studium hebräischer und okkulter Texte geworden war – nicht zuletzt dank einiger textkundiger Rabbiner vor Ort. Einer von ihnen, Raschi, galt als einer der größten Bibelexegeten seiner Zeit.

Etienne Harding muss ein für seine Zeit sehr freiheitlich denkender Geist gewesen sein – jedenfalls stürzte ihn die Erforschung von hermetischen und kabbalistischen Texten, die nach strenger Kirchenauffassung ja per se heidnisch waren, nicht in Gewissenskonflikte. Und so wurde er auch nicht müde, Menschen wie Hugo von Payens für diese Aufgabe zu begeistern.

Bereits durch die Bogumilen und die Katharer war unerhörtes ketzerisches Gedankengut ins Abendland gelangt. Ihnen ging es vor allem um ein völlig neues Christusbild, das Jesus von Nazareth nur als einen Propheten unter vielen auswies, sowie um gnostische Texte, die ihn erheblich anders beschrieben, als es die kanonisierten taten. Etienne Harding war an solchen Lehren, aber auch an moslemischen und jüdischen Glaubensvorstellungen sehr interessiert und beeinflusste mit seiner freidenkerischen Gesinnung auch seinen Schützling Hugo von Payens.

So spricht in der Tat vieles dafür, dass der Ordensgründer geheime und kirchlicherseits verbotene Texte aus dem Heiligen Land mitbrachte, damit sie im Kloster von Cîteaux studiert und übersetzt werden konnten. Dabei muss es sich um Schriften von großer Wichtigkeit gehandelt haben, denn warum wohl sonst hätten die Mönche so eifrig Hebräisch lernen sollen? Sogar Rabbiner wurden ja hinzugezogen. Um welche Texte es sich dabei genau gehandelt haben mag, ist zwar nicht gesichert, verschiedene Autoren vermuten aber geheime Überlieferungen des Judentums, des Islam und des alten Ägypten dahinter, von denen einige sogar in biblische Zeiten zurückdatieren könnten. Spätestens seit den sensationellen Funden von Nag Hammadi, einer gnostischen Bibliothek aus dem vierten nachchristlichen Jahrhundert, besitzen wir jedenfalls eine Vorstellung davon, wie reichhaltig die religiösen Ideen vor der »Machtergreifung« des Christentums im Nahen Osten waren.

Hugo von Payens muss – wie immer seine Mission im Heiligen Land auch im Detail abgelaufen sein mag – fündig geworden sein, und so kehrte er vermutlich mit zweierlei nach Hause zurück: Er brachte zum einen geheime hebräische Schriften ins Kloster von Cîteaux. Zum anderen wird er zweifellos von moslemischer oder jüdischer Seite erfahren haben, dass bereits König Salomon ein profunder Kenner des verborgenen Wissens gewesen war und dass in den Katakomben seines ehemaligen Tempels sicherlich noch Geheimnisse schlummerten, die ihm einst große Macht und Weisheit eingebracht hatten. Ihr Besitz versprach auch noch in Hugos Tagen gewaltigen Einfluss und hohes Ansehen.

So wird schon damals, zwischen 1104 und 1114, bei Hugo de Payens und seinem Mentor Etienne

Harding der Plan gereift sein, einen Orden zu gründen, der sich des alten jüdisch-ägyptischen Geheimwissens bemächtigen sollte. Aber ebenso gewiss werden sich beide seinerzeit keinerlei Vorstellung davon gemacht haben, worauf sie sich einließen. Die Lunte war indes gelegt und entzündet. Fast 200 Jahre später sollte sie das Pulverfass erreichen und in einem Flammenmeer die Katastrophe herbeiführen: den Untergang der Templer.

NEUN ARME MÖNCHSSOLDATEN

Auch einige Namen der übrigen Gründungstempler sind bekannt: Gottfried von Saint-Omer, Archambaud von Saint-Aignan, Hugues Rigaud, André von Montbart und Geoffroy von Bisol. Schon viel wurde darüber spekuliert, warum es ausgerechnet neun Gründungsritter an der Zahl waren. Natürlich hatte hier nicht der Zufall die Hand im Spiel, die Neun ist vielmehr ein Tribut an keltische Traditionen. Diesen sah sich vor allem jener Mann verpflichtet, der später die Ordensregeln verfasste: Bernhard von Clairvaux, Etienne Hardings bester Schüler und engster Vertrauter.

Für die Druiden war die Neun – die Potenz der Drei – eine ungemein wichtige Zahl. In der Neun steckt zum einen die Fünf, die Zeit und Raum erfasst, und zum anderen die Vier, die die vier Himmelsrichtungen symbolisiert. Die Zahl Neun versinnbildlicht also das gesamte Universum. Und nicht von ungefähr gründen daher neun Ritter in Jerusalem einen von Anfang an geheimbündlerischen Mönchsritterorden, in dem es neben den Mönchsidealen auch um Weisheit, hermetisches Priestertum und Macht geht.

In der Krypta der Pariser Kathedrale Saint-Denis, in der alle französischen Könige ihre letzte Ruhestätte gefunden haben, findet sich ein interessantes Kapitell: Darauf ist die biblische Bundeslade abgebildet, die von einem Pferd oder Esel gezogen wird. Oberhalb der Lade sieht man neun kleine Köpfe – dank ihrer auffälligen Haartracht allesamt als Templer identifizierbar –, von denen sich einer ganz besonders abhebt. Dieser neunte Kopf ist zweifellos der von Hugo von Payens.

Zwischen 1120 und 1127 bestand der ganze Templerorden also aus neun Gründungsrittern, wobei viele Historiker durchaus in Betracht ziehen, dass es weitere Ordensmitglieder in Frankreich gegeben haben könnte. Aber nach wie vor hatte der Orden noch nicht die kirchlichen Segnungen und damit die notwendige Anerkennung durch Papst und Bischöfe erhalten. Warum sich die neun Templer so lange Zeit nicht darum bemühten, wird für immer eines ihrer Geheimnisse bleiben.

Wie dem auch sei, neun Ritter – wie tapfer sie auch sein mochten – konnten die Pilger wohl kaum effektiv gegen die »Ungläubigen« schützen. Aber wollten sie das denn auch? Merkwürdig ist, dass, obwohl in diesen Jahren im Heiligen Land wahrlich genug gekämpft wurde, die Templer an keiner einzigen kriegerischen Auseinandersetzung gegen die Feinde der heiligen Mutter Kirche teilnahmen. Denn die Verteidigung der eroberten Gebiete und die Sicherung der Pilgerwege überließen die Templer getrost dem Hospitaliterorden.

Sie selbst hatten sich auf dem Areal des ehemaligen salomonischen Tempels häuslich eingerichtet und verließen es in den ersten neun Jahren so gut wie gar nicht. Die genaue Stelle, die sie besetzt hielten, ist der Felsendom, auch Al-Aqsa-Moschee genannt, auf dem Berg Moria. Dieser Felsendom ist im unteren Bereich achteckig; darüber erhebt sich eine hohe Rotunde mit Kuppel – eine architektonische Form, die von den Templern für ihre eigenen Bauten übernommen wurde. Sie warben in Jerusalem und Umgebung Männer an, die für sie handwerkliche Arbeiten durchführten. Einige Autoren jener Zeit lassen uns wissen, dass man versuchte, den Tempel Salomons wieder aufzubauen, und dabei verschiedene Grabungen durchführte. Bei einer sei man auf unterirdische Reste von Pferdeställen gestoßen.

Neun Jahre lang betrachteten sich die Mönchssoldaten also mehr als Schatzgräber und Archäologen denn als Wächter der Pilgerwege. Und es verwundert doch sehr, dass man sie so viele Jahre gewähren ließ, obwohl sie eindeutig gegen ihre eigentlichen Pflichten und Aufgaben verstießen! Oder waren sie von Anfang an nur ins Heilige Land gekommen, um im zerstörten Tempel Salomons nach etwas ganz Bestimmtem zu suchen? Aber wonach, und warum nur ausschließlich im großen jüdischen Tempelbezirk? Wollten sie den Gral bergen oder die Bundeslade oder uralte magische Formeln? Darüber ist viel gerätselt worden. Fest steht lediglich, dass die neun Templer nicht aufs Geratewohl den Spaten ansetzten. Sie waren nach Jerusalem mit einer bestimmten Absicht gekommen und wussten, dass sie nur im Templum Salomonis fündig werden würden.

Wenn es aber von vornherein um verborgene Dinge ging, die man vor der Öffentlichkeit geheim zu halten trachtete, warum dann überhaupt der Umweg über die Ordensgründung? Die Antwort ist ebenso einfach wie plausibel: Die Ordensgründung war die einzige Möglichkeit, von König Balduin II.

die Erlaubnis zu erhalten, sich ungestört auf dem Gebiet der moslemischen Moschee auszubreiten, und den wahren Grund ihres Aufenthalts in Jerusalem vor ihm geheim zu halten. Ein Orden braucht ein festes Zentrum und eine Kirche, mögen sie argumentiert haben, und deshalb bauen wir den heidnischen Tempel als christliche Ordensburg und Gotteshaus wieder auf.

Während die neun Templer den ehemaligen Tempelbezirk durchwühlten und den verlassenen moslemischen Gebetssaal in Zellen unterteilten, erlaubten sie keinem anderen Ritter, ihrem Orden beizutreten – nicht einmal jenem wegen seiner ritterlichen Kühnheit so sehr gerühmten Grafen Fulko aus dem Hause Anjou, der sie im Jahre 1121 in Jerusalem besuchte und ihnen daraufhin eine jährliche Summe von 30 angevinischen Livres zusprach. Fulko ist im Übrigen der Ahnherr der französischen Plantagenets, die sich bis heute als legitime Nachfolger des geheimnisumwitterten Ordens betrachten.

Hatten sie ihn zu dieser großzügigen »Leibrente« veranlasst, indem sie ihm die Wahrheit über ihre Mission verrieten? Auch das ist uns nicht überliefert. Nur dies ist sicher: Es gäbe keinen hieb- und stichfesten Beweis für die Anwesenheit der Templer zwischen 1120 und 1126 in Jerusalem, wenn nicht ein Schriftstück existierte, das seinen Namen und seine jährliche Geldspende an den Orden erwähnt.

Und so konnten die neun Ritter in diesen Jahren ungestört graben. Sicher wussten sie von orthodoxen Juden, dass es unter dem Felsen verborgene Gänge gab, die bereits König Salomon hatte anlegen lassen, um die Bundeslade bei Gefahr in Sicherheit bringen zu können. Bei Albert von Aachen (gest. nach 1158), einem Kleriker, der nach Berichten von Kreuzrittern eine Chronik des ersten Kreuzzugs verfasste, liest sich das so:

> Mitten im Felsendom steht ein Felsblock ... auf der einen Seite des Felsens führen Stufen in eine Höhle hinab, auf der anderen aber befindet sich nach dem wahrheitsgetreuen Bericht derer, die es mit eigenen Augen gesehen haben, ein kleines Türchen, das aber immer versiegelt ist. Dort sollen nach Meinung mancher Leute einige von den allerheiligsten Dingen bis auf den heutigen Tag verwahrt werden.[1]

König Balduin von Jerusalem scheint den Templern während der gesamten Zeit überaus gewogen gewesen zu sein; vermutlich unterstützte auch er sie materiell. Dass er damit einem Orden half, der niemandem nutzte und der von kirchlicher Seite noch nicht einmal legitimiert worden war, schien ihn nicht zu stören.

Eines Tages im Oktober 1127 teilte Hugo von Payens dem König mit, dass er nach Frankreich zurückkehren müsse. Was Balduin nicht erfuhr: Etienne Harding, der Abt von Cîteaux, hatte Hugo nahe gelegt, den Orden endlich von Seiten der Kirche anerkennen zu lassen. Und so kehrte der Großmeister zusammen mit André de Montbard, Onkel des damals noch jungen Abts von Clairvaux – Bernhard –, nach Europa zurück. Man sollte auch erwähnen, dass er nach einem kurzen Aufenthalt in der Champagne Graf Fulko im Anjou besuchte, um ihm im Namen Balduins II. die Krone von Jerusalem anzutragen, sobald der König sterben sollte. Dieser König besaß nämlich keinen direkten Erben und hatte bereits damit geliebäugelt, Fulko von Anjou mit seiner Tocher Melisande zu verheiraten. Als nun Hugo de Payens Fulko sein Angebot unterbreitete, stimmte dieser bereitwillig zu. Der Graf legte im Sommer 1129 in Akko an und beteiligte sich zusammen mit Hugo de Payens und seinen Truppen gegen Ende des Jahres an einer Operation gegen Damaskus. In dieser Zeit trat er dem Orden als Templer auf Zeit oder Laienbruder bei. Am Rande sei erwähnt: Fulko von Anjou ist über seine erste Frau der Urgroßvater von Richard Löwenherz.

Hugos Mission, für die er Jerusalem ja verlassen hatte, war schließlich erfolgreich: Auf dem Konzil von Troyes wurden die Templer endlich legitimiert und erhielten innerhalb der Kirche einen festen Status. Sie waren nun Mönche und Ritter, die für den Schutz der Pilger im Heiligen Land Sorge trugen, obwohl dies mit keinem einzigen Wort in der Ordensregel erwähnt wird. Während Hugo von Payens und seine Getreuen bis zum Konzil nach dem dreifachen Gelübde der Keuschheit, der Armut und des Gehorsams und ohne schriftlich fixierte Gebräuche gelebt und die anfallenden Aufgaben untereinander verteilt hatten, legte nun Bernhard von Clairvaux eine Regel für den neuen Orden fest.

Er schrieb in seiner Schrift *Das Lob der Neuen Ritterschaft* über die Templer, sie seien »nie gekämmt, selten gewaschen, mit wildem Bartwuchs, stinkend und schweißbedeckt, geschwärzt von ihren Harnischen und der Hitze« – doch er wollte dies nicht etwa als Tadel, sondern durchaus als Kompliment verstanden wissen. Im Vergleich zu den anderen Kreuzrittern, die sich eher dem orientalischen Luxus hingaben, hob Bernhard von Clairvaux die Bedürfnislosigkeit der Templer hervor und weckte damit die Aufmerksamkeit der römischen Kurie. Eine

Hauptregel seines Templerordens, so der heilige Bernhard, bestand darin, im Orden sündige Ritter durch eine eigene Form der Askese zum Heil zu führen – was auch immer das im Einzelnen heißen mochte.

Jedenfalls wurde schon sehr bald deutlich: Der Templerorden gerierte sich, was die Aufnahme von neuen Mitgliedern anging, als eine Art mittelalterliche Fremdenlegion. Ganz gezielt agierte er an den Randzonen der christlichen Gemeinschaft und nahm bevorzugt Heißsporne, Raubritter und Unruhestifter auf. In der französischen Regel heißt es denn auch ganz unmissverständlich: »Wir heißen euch dorthin zu gehen, wo nach eurer Kenntnis exkommunizierte Ritter versammelt sind.«[2]

Warum gerade eine solche Klientel? Um sich als besonders barmherziger Orden zu etablieren? Oder als einer, der vor allem jene Männer rekrutieren wollte, die die Kirche mit einem Bann belegt hatte – also auch so genannte Freidenker, wie wir sie heute bezeichnen würden? Ein gutes Beispiel ist der Fall Gottfrieds von Mandeville, Graf von Exeter. Er hatte, weil ihm Unrecht widerfahren war, in blindem Hass geplündert, gemordet und gefoltert und dabei kirchliches Eigentum zerstört. 1144 traf ihn ein tödlicher Pfeil, und er starb ohne die Absolution der Kirche. Der Chronik der Abtei Walden zufolge tauchten in diesem Augenblick Tempelritter auf, bedeckten seinen Leichnam mit einem Kreuz und brachten ihn in ihr Haus, den Old Temple in London, wo sie ihn auf ihrem eigenen Friedhof beerdigten. Dieser für das Mittelalter unerhörte Vorgang zeigt, dass die Templer offensichtlich das Recht für sich beanspruchten, »verfluchte Leiber« auf ihren Friedhöfen begraben zu dürfen.

Die Privilegien des Templerordens
Die Templer erhalten das Anrecht, eigene Kirchen zu bauen und eigene Friedhöfe zu besitzen; auf diesen dürfen sie auch Nichtmitglieder bestatten.
Die Templer sind nur dem Heiligen Stuhl Rechenschaft schuldig und unterliegen somit keinem weltlichen Lehnsherrn.
Die Templer dürfen ohne Einflussnahme des Bischofs ihre Seelsorger selbst auswählen. Diese wiederum sind ebenfalls nicht dem Bischof, sondern dem Großmeister unterstellt.
Die Templer sind vom Kirchenzehnten befreit und dürfen sogar selbst den Zehnten einziehen. Auch ihre Kriegsbeute müssen sie mit niemandem teilen.
Die Templer haben das Recht, sich als unabhängige Geldverleiher zu betätigen.
Die Templer unterstehen weder der weltlichen noch der kirchlichen Justiz; mittels päpstlicher Bulle wird ihnen völlige Unabhängigkeit von Fürsten, Königen und Äbten garantiert.
Der Großmeister des Ordens wird ausschließlich von den Templern selbst gewählt – seine Wahl bedarf nicht der Zustimmung durch die heilige römische Kirche.
Fazit: Jeglicher regionaler Eingrenzung und Kontrolle enthoben, war der Templerorden die erste übernationale, völlig autonome und ökonomische Macht in der abendländischen Geschichte.

EIN IMPERIUM WIRD GEBOREN

Von Anfang an war der Orden auf Erfolgskurs. Hatte sein Besitz anfangs nur aus dem Hab und Gut der ersten Mönchsritter bestanden, so breitete sich nach dem Konzil der Orden in Flandern, in der Picardie, der Champagne und in Burgund rasch aus und wurde reicher und mächtiger. 1128 kamen die ersten Schenkungen auf der iberischen Halbinsel, in der Provence und im Languedoc hinzu.

Nach der Anerkennung durch den Papst auf dem Konzil von Troyes unternahm Hugo von Payens eine

Das Geheimnis des Dorns

Einige Häuser des Templerordens wurden absichtlich in abgelegenen Gegenden errichtet. Dies ging auf die Ermahnung Bernhards von Clairvaux zurück, besser in und von den Wäldern zu lernen als durch Bücher: Wälder sind zudem hervorragende Verstecke. Aus diesem Grund schienen die Templer Wälder wie den sagenumwobenen Brocéliande-Wald in der Bretagne oder den Forêt d'Orient bei Troyes zu bevorzugen. Ferner fällt auf, dass die Templer in Frankreich gern Orte wählten, in deren Name das Wort épine (frz. »Dorn, Weißdorn«) vorkommt: L'Epine, Epinay, L'Epinat, Pinay, Epinac, Courbépine usw. Das konnte kein Zufall sein! Der Dorn symbolisiert eine natürliche Abwehr gegen jeden Eindringling und vermag eine geheime Welt wirkungsvoll zu schützen. Und er stellt ein initiatorisches Hindernis dar, das der Uneingeweihte überwinden muss. So darf sich der Prinz Dornröschen erst nähern, nachdem er die Dornenhecke durchdrungen hat; die Krone aus Dornen schmückt den Gottessohn und symbolisiert den Schmerz seiner Mutter. Und der Legende nach wurde die Bundeslade der Israeliten aus dem Holz eines Dornbuschs gefertigt, da der alttestamentliche Gott den Menschen gern in Gestalt eines brennenden Dornbuschs gegenübertrat.

Die Templer waren es auch, die das Buch der Richter aus dem Alten Testament als Erste ins Französische übersetzten. Dort steht geschrieben: »Da sagten alle Bäume zum Dornenstrauch: Komm, sei du unser König! Der Dornenstrauch sagte zu den Bäumen: Wollt ihr mich wirklich zu eurem König salben? Kommt, findet Schutz in meinem Schatten! Wenn aber nicht, dann soll vom Dornenstrauch Feuer ausgehen und die Zedern des Libanon fressen.« (Richter 9, 14) Welche Bedeutung diese rätselhafte Textpassage für die Mönchsritter gehabt haben mag, bleibt ebenso ungeklärt wie jener bizarre Kuss aufs Gesäß, der unter den Brüdern üblich gewesen sein soll und 1307 bei den inquisitorischen Untersuchungen seitens der Kirche als Indiz für Homosexualität gewertet wurde. Indes heißt »Rückgrat« im Französischen épine dorsale, sodass nach allem, was wir wissen, auch dies eher auf einen geheimen Initiationsritus hinzudeuten scheint, bei dem erneut der Dorn – wie auch immer – im Vordergrund stand.

erfolgreiche »Werbereise« durch Frankreich und England, auf der er 300 Brüder für seinen Orden rekrutierte. Im Jahre 1130 kehrte er mit diesen Rittern nach Jerusalem zurück. Auf dem Tempelberg König Salomons, wo diesem die Königin von Saba ihre Aufwartung gemacht und ihn in geheime Weisheitslehren eingeweiht hatte, bezogen nun christliche Ritter Quartier. Ihr Haus stellten sie unter den Schutz Unserer Lieben Frau.

Dass die Wahl auf die Madonna gefallen war, lag ausschließlich am Einfluss Bernhards, der die heilige Jungfrau besonders verehrte. Dem Einfluss dieses charismatischen Kirchenmannes war im Übrigen auch der rasche Aufstieg des neuen Ordens zu verdanken. Bald mussten die Templer ihre »Sprengel«, Europa und Outremer, in Provinzen aufteilen, um sie verwalten zu können. Jeder Provinz stand ein Meister des Tempels vor, der mit seinem Kapitel relativ freie Hand in der Regelung der Provinzangelegenheiten hatte. Alle Provinzen wurden noch einmal in Unterprovinzen von verschiedener Größe aufgespalten: Die kleinste Einheit stellten die Komtureien dar, dann folgten das Präzeptorat und schließlich das Priorat. Sie alle mussten einen Teil ihrer Einkünfte an die Ordensniederlassungen in Outremer weiterleiten. Mit diesem Geld wurde die Kriegsführung im Heiligen Land finanziert.

Der Orden selbst bestand aus vier Klassen:

1. Die Ritter, *fratres milites* (»kämpfende Brüder«), die anfangs noch adeliger Herkunft sein mussten.
2. Die Kapläne, *fratres capellani* (»betende Brüder«), die geistige Elite, die das Geheimwissen hütete.
3. Die Knappen und Herolde, *fratres servientes* (»dienende Brüder«), die schwarze Mäntel trugen.

Auszug aus dem Aufnahmeritual

»Sucht Ihr die Gemeinschaft des Templerordens und wollt Ihr an seinen geistlichen und weltlichen Werken teilhaben?«

»Ja, Sire, wenn es Gott gefällt.«

»Ihr begehrt viel, und Ihr kennt nicht die harten Vorschriften, denen der Orden unterworfen ist. Ihr seht uns wohl gewandet …, aber Ihr kennt das strenge Leben des Ordens nicht. Wenn Ihr Euch nämlich auf dieser Seite des Meeres aufzuhalten wünscht, werdet Ihr auf der anderen sein, und umgekehrt, wenn Ihr schlafen wollt, müsst Ihr Euch erheben und aufbrechen und hungrig fortgehen, wenn Ihr lieber gegessen hättet. Ertragt Ihr das, um der Ehre Gottes und des Heiles eurer Seele willen?«

»Ja, Sire, wenn es Gott gefällt.«

»Wir möchten von Euch wissen, ob Ihr dem katholischen Glauben anhängt, ob Ihr einig seid mit der römischen Kirche, ob Ihr Euch bereits einem anderen Orden verpflichtet habt oder ob Ihr durch eine Ehe gebunden seid. Seid Ihr Ritter und ehelich geboren? Seid Ihr exkommuniziert worden, durch eigene Schuld oder auf eine andere Weise? Habt Ihr einem Bruder des Tempels etwas versprochen oder ein Geschenk gemacht, um aufgenommen zu werden? …

»Nein, Sire, Gott ist mein Zeuge, dass ich die Wahrheit sage.«

»Ihr müsst vor Gott und der Jungfrau schwören und versprechen, dass Ihr immer dem Meister des Tempels gehorcht, dass Ihr keusch bleibt und die Sitten und Gebräuche des Tempels einhaltet, dass Ihr kein persönliches Eigentum haben werdet, dass Ihr nur besitzen werdet, was Euch Eure Vorgesetzten geben, dass Ihr alles tun werdet, was in Eurer Macht steht, um die Eroberungen im Königreich Jerusalem zu schützen, zu erobern, was noch nicht errungen wurde, dass Ihr Euch niemals freiwillig dorthin begebt, wo man Christen zu Unrecht tötet, plündert oder enterbt, und wenn Euch Güter des Tempels anvertraut werden, so schwört Ihr, gut auf sie Acht zu geben. Und Ihr werdet ohne Genehmigung Eurer Vorgesetzten den Orden nicht verlassen, sei es um besserer oder schlechterer Umstände willen.«

»Ja, Sire, so soll es sein. Ich gelobe.«

»So nehmen wir Euch auf bis zum Ende Eurer Tage.«

4. Alle Hausleute, Landarbeiter, Knechte und Handwerker, *fratres famuli et officii* (»arbeitende Brüder«), die braune oder blaue Ordensgewänder trugen. Die Handwerker waren noch einmal in die Gesellen der Freiheit gegliedert (Baumeister und Steinmetze), Gesellen der Pflicht (Schreiner und Schlosser) und Meister der Axt (Zimmerleute).

Leben und Wirken der Templer waren stark von Elementen der jüdischen Geheimlehre, der Kabbala, durchsetzt. So schmückten sie ihre Waffen ab einem bestimmten Zeitpunkt mit kabbalistischen Symbolen, deren Bedeutung von den Waffenherolden gehütet wurde. Ferner musste jeder neue Ritter vor seinem Eintritt für würdig befunden werden, »die Kabale zu reiten«, was bedeutete, dass er in den Geheimzeichen der Kabbala bewandert war. Außerdem verständigten sich die Ritter untereinander codeartig in einer bildhaften Symbolsprache und durch phonetische Wortspielereien.

Diese templerische Geheimsprache wurde »Sprache der Vögel« genannt, die nur die Ritter des ersten Grades verstanden. Der zweite Grad widmete sich wiederum dem Erlernen von Kampftechniken zu Fuß und zu Pferd. Niemand gelangte jedoch von sich aus in den inneren Kreis der Geheimlehre, sondern musste dazu berufen werden. Von da an gehörte er zu den Kaplänen und versah keinerlei Waffendienst mehr.

Stetig wuchsen Macht und Einfluss der Mönchsritter vom Tempel Salomons. So standen schon bald bei vielen wichtigen politischen Entscheidungen Templer mit in der ersten Reihe, und häufig genug gab ihr Reichtum als Zünglein an der Waage den Ausschlag. Mit der Zeit entwickelten sie sich zu wahren Großfinanziers, wenngleich sie persönlich zu einer asketischen Lebensweise und eher schlichten Kleidung verpflichtet waren.

Als sich zeigte, wie gut der Orden sich auf die Verwaltung von Reichtümern verstand, wurde ihm von Königen und Päpsten die Verwaltung von Liegenschaften, Steuereinnahmen, Gold, Geld und Juwelen anvertraut. Die Bankgeschäfte florierten. So darf man die Templer durchaus als Erfinder des Girokontos bezeichnen, aber auch die Aussetzung von Renten und Pensionen, Darlehen, Bürgschaften, Pfandleihe, Inkassogeschäfte, internationaler Geldtransfer und Wechselgeschäfte gehörten zu ihren Spezialitäten. Wer in Paris oder London einzahlte, bekam unter Garantie sein Geld über einen Wechsel in jeder beliebigen Währung in Jerusalem oder Griechenland ausbezahlt. Die Mönchsritter ersannen Wechselbrief und Scheck und scheuten auch nicht davor zurück, moslemischen Potentaten Kredite zu gewähren.

Es ist schwierig, das Gesamtvermögen des Templerordens realistisch zu beziffern – wohl auch deshalb, weil man nicht sicher sein kann, dass sie selbst ihre Einkünfte immer korrekt angaben. Als nach der Auflösung des Ordens die Hospitaliter einen großen Teil des Templerbesitzes erbten, bestand dieser jedenfalls in erster Linie aus unbeweglichen Gütern, also Grundbesitz, und natürlich den laufenden jährlichen Einkünften der Komtureien.

So sollen im Jahre 1308 die englischen Komtureien insgesamt 4351 Pfund erwirtschaftet haben; für die Erträge der Freigrafschaft Burgund im Jahre 1295 wurden 4000 Pfund angegeben. Die Annahme, dass der Templerorden beträchtlichen Gewinn aus seinen landwirtschaftlichen Gütern zog, ist daher wohl berechtigt – vor allem, wenn man die Gesamtentwicklung des Ordens über einen Zeitraum von fast 200 Jahren berücksichtigt. Hinzu kamen Wegzölle, Nutzungsgebühren und Gerichtsgebühren, die der Orden ebenfalls erhob. Überschüsse flossen ins Heilige Land, wo Gelder dringend für den Erhalt oder Ausbau von Befestigungsanlagen und für den Unterhalt der Ritter gebraucht wurden.

Wenn man nun weiß, dass bei Auflösung des Templerordens außer Grundbesitz – allein in Frankreich nannte der Orden etwa zwei Millionen Hektar Land sein Eigen – so gut wie kein Geld, Gold, Silber oder Juwelen gefunden wurden, so stellt sich die Frage, was aus dem Reichtum der Templer geworden ist. Eine Reihe von Historikern vermutet, dass die Reichtümer des Ordens gewaltig übertrieben worden und die Mönchsritter im 13. Jahrhundert immer unbeliebter geworden seien, sodass sie am Ende verarmten. Aus diesem Grunde habe der König von Frankreich auch nicht den erhofften Ordensschatz an sich reißen können. Andere Forscher wiesen jedoch nach, dass die Templer im Vergleich zu anderen Orden ihrer Zeit wie Hospitalitern oder Johannitern im Volk nicht mehr oder weniger Sympathien hatten als diese.

Was das Vermögen der Templer zu jenem Zeitpunkt betrifft, als Krone und Papst zum Schlag gegen sie ausholen, sind wir also weiterhin auf Schätzungen angewiesen: Sie bewegen sich für das Jahr 1307 zwischen 50 und 120 Millionen Pfund – eine Summe, die selbst für heutige Verhältnisse ungeheuerlich groß erscheint. Doch das ist noch nicht alles: Die Templer waren stets auch an anderen Schätzen interessiert – dazu zählten etwa kostbare Reliquien von Heiligen und sogar einigen Aposteln, das Grabtuch Jesu und die Bundeslade sowie andere materielle Güter.

Unter anderem hüteten sie angeblich in ihrem geistigen Kernland, dem Languedoc-Roussillon, einen uralten Schatz, den einst der römische Kaiser Titus im Jahre 70 n. Chr. aus Jerusalem und später die Westgoten aus Rom gestohlen hatten: Es handelte sich dabei um den »Schatz von Jerusalem«, zu dem sowohl der siebenarmige Leuchter, die Menora, als auch Gold und Edelsteine zählten. Die Kupferrollen, die man 1952 in Qumran fand, berichten, dass dieser Schatz an 64 verschiedenen Stellen in und um Jerusalem verborgen sei. Hatte Titus ihn wirklich vollständig gehoben oder hatten das erst die Templer erledigt? Wir wissen es nicht; bekannt ist lediglich eine Erwähnung dieses berühmten Schatzes im Süden Frankreichs nahe den Pyrenäen, wo er erneut vergraben worden sein soll. Hier hatte einstmals die Hauptstadt des Merowingerreiches gelegen: Rhedae oder Rennes-le-Château – ein Ort, den übrigens die Templer sehr schätzten.

Wenn man solche Reichtümer zu den übrigen Einnahmen des Ordens im Laufe zweier Jahrhunderte hinzurechnet, kommt man auf eine Summe, die so ungeheuer groß ist, dass selbst ein Bill Gates davor erblassen würde.

DIE POLITISCHE BEDEUTUNG DER TEMPLER

Von Anfang an galten Sonderregelungen für die Templer. So wurden sie von der Abgabe des Zehnten (der Steuern) befreit, durften diesen teilweise selbst erheben und fast immer ihre gesamte Kriegsbeute behalten. Darüber hinaus überließen auch viele Adelige den Templern ihre Einkünfte, wenn sie in den Orden eintraten, oder belehnten den Orden mit Land.

Über 30 000 Ritter zählte der Orden Anfang des 13. Jahrhunderts. Wenn man bedenkt, dass sein Einflussbereich vom Mutterland Frankreich nach Deutschland, England, Spanien, Portugal, Italien, zum Balkan und bis nach Palästina reichte, verwundert es nicht weiter, dass der Orden der Armen Ritter im Vergleich zu den übrigen Ritterorden seiner Zeit die mächtigste Institution des Mittelalters darstellte.

1148 tagte in Akko im Heiligen Land erstmals ein Rat unter König Ludwig VII. von Frankreich (reg. 1137–1180) und Kaiser Konrad III. (reg. 1138–1152); auch Großmeister Robert von Craon, der Nachfolger Hugos von Payens, war dazu geladen. Man legte fest, künftig einen solchen Rat immer dann einzuberufen, wenn größere Kontingente von Kreuzfahrern in Jerusalem eintrafen. Dieser Rat, der erklärtermaßen militärischen Zwecken diente, setzte sich aus den jeweils wichtigsten kirchlichen und weltlichen Würdenträgern und Herrschern vor Ort zusammen, darunter auch den Anführern der Kreuzfahrer und den Großmeistern der Ritterorden (Johanniter, Hospitaliter und Templer).

In diesem Rat nahmen die Großmeister oft die Rolle eines Schiedsrichters in örtlichen Streitigkeiten ein, hatten sie sich doch schon oft als geschickte Diplomaten, einflussreiche Gesandte und Vermittler in heiklen Angelegenheiten hervorgetan. Diese Rolle spielten sie nicht nur in Palästina, sondern auch im politischen Geschehen des Abendlandes – und zwar so erfolgreich, dass sie häufig genug für ihre Mühen Schenkungen erhielten. So waren sie am Zustandekommen des Vertrags zwischen dem Königreich Jerusalem und dem ägyptischen Fatimidenkalifat von 1171 entscheidend beteiligt und erwarben sich im Laufe der Zeit auch in Outremer einen Ruf als kluge Verhandlungsführer und Schlichter.

Dabei blieben die Templer stets darauf bedacht, sich eine bestimmte Unabhängigkeit sowohl von Rom als auch von den weltlichen Herrschern zu bewahren. So erhielten sie ausgedehnte Grenzmarken, verbunden mit Sonderregelungen, darunter das Recht, in der Grenzmark freien Handel zu treiben, was zu erfreulichen Einnahmen führte. Konflikte mit dem König entstanden verständlicherweise immer dann, wenn dieser seine eigene Macht über die des Ordens stellen wollte – so geschehen etwa durch König Amalrich von Jerusalem, dem die autonomen Templer ein Dorn im Auge waren. Er ließ nach der Belagerung einer Templerburg zwölf Templer hängen, nur weil sie sich dem Feind ergeben hatten, und ließ damit keinen Zweifel daran, wer in seinen Augen Herr über Leben und Tod auch im Templerorden war.

Diese Machtdemonstration verziehen ihm übrigens Großmeister Berntrand von Blanquefort und

Die Grossmeister

Die Großmeister der Templer waren im Grunde so mächtig wie der Papst oder der König – nicht nur, weil sie über die Mittel verfügten, sowohl an den einen als auch an den anderen große Geldsummen zu verleihen. Jeder Großmeister besaß eine Art Zauberstab als Zeichen seiner Macht: den Abakus, der die männliche Energie symbolisiert und pythagoräischen bzw. altägyptischen Ursprungs ist. Als weiteres Attribut gilt die dreischwänzige Peitsche, wie sie etwa über dem Südportal der Kathedrale von Chartres ein Engel in Händen hält. Auch sie weist verblüffende Ähnlichkeiten mit einem Machtsymbol aus dem alten Ägypten auf – nämlich jener Peitsche, die auf dem Sarkophag des Pharaos Tutenchamun abgebildet ist.

Die 23 Großmeister waren:

1. Hugo von Payens (1119–24. Mai 1137)
2. Robert von Craon (1137–13. Januar 1149)
3. Eberhard von Barres (1149–1152)
4. Bernhard von Trémelay (1152–16. August 1153)
5. Andreas von Montbard (1153–17. Januar 1156)
6. Bertrand von Blanquefort (1156–2. Januar 1169)
7. Philipp von Nablus (1169–1171)
8. Odo von Saint-Armand (1171–8. Oktober 1179)
9. Arnold von Torroja (1180–30. September 1184)
10. Gerhard von Ridefort (1185–4. Oktober 1189)
11. Robert von Sablé (1191–28. September 1193)
12. Gilbert Erail (1194–21. Dezember 1200)
13. Philipp von Plessis (1201–12. Februar 1209)
14. Wilhelm von Chartres (1210–25. August 1219)
15. Peter von Montaigu (1219–28. Januar 1232)
16. Hermant von Périgord (1232–17. Oktober 1244)
17. Richard von Bures (1244/45–9. Mai 1247)
18. Wilhelm von Sonnac (1247–11. Februar 1250)
19. Reinhard von Vichiers (1250–20. Januar 1256)
20. Thomas Bérard (1256–25. Mai 1273)
21. Wilhelm von Beaujeu (1273–18. Mai 1291)
22. Theobald Gaudin (1291–16. April 1293)
23. Jakob von Molay (1294–18. März 1314)

sein Nachfolger Odo von Saint-Armand niemals. Sie sannen auf Rache. Als Amalrich allen Ernstes den Beteuerungen der mörderischen muslimischen Sekte der Assassinen Glauben schenkte, sie würden zum Christentum konvertieren, war es so weit. Die beiden Großmeister durchschauten das taktische Manöver – und ließen Amalrich seelenruhig ins offene Messer laufen. In ihren Augen hatte er es verdient.

Solange die Templer im Heiligen Land ihren Aufgaben nachgingen, stand ihre Bedeutung außer Frage. Das änderte sich erst, als das Heilige Land und mit ihm Jerusalem im Jahre 1187 in einer katastrophalen Schlacht unter dem umstrittenen Großmeister Gerhard von Ridefort größtenteils an die Sarazenen verloren wurde. Der Großmeister hatte sich mit 200 Templern einer Übermacht von 5000 Sarazenen gestellt. Flucht kam für ihn nicht infrage, denn dies wäre nicht »gottgefällig« gewesen; ebenso wenig wollte er, dass man seinem Orden Feigheit vorwerfen konnte. Mutig und gefasst ging der Großmeister mit seinen Mannen in den Tod.

Im Jahre 1244 erlitten die Templer eine weitere verheerende Niederlage. In der Schlacht von La Forbie nahe dem heutigen Gazastreifen mussten so viele Ritter ihr Leben lassen, dass es danach nur noch 33 Templer in ganz Outremer gab. Das Ende war greifbar nah. Etwa zur gleichen Zeit erstand in Ägypten eine neue Dynastie: Die Mamelucken, einst Söldner der Sarazenen, kamen an die Macht und eroberten Burg um Burg, sodass bereits gegen 1270 die Templer im Heiligen Land keine ernst zu nehmende militärische Größe mehr darstellten. Nach dieser Niederlage wurde ein Kreuzfahrerstaat nach dem anderen von den Moslems zurückerobert. Einzig Akko konnte ihren Angriffen eine Weile noch standhalten. Doch 1291 fiel auch diese letzte Festung der Christen in Outremer.

Durch den Verlust des Heiligen Landes sahen sich die Templer ihrer eigentlichen Aufgabe beraubt. Welchen Zweck erfüllten sie jetzt noch, fragten sich viele – vor allem jene, denen die Templer von jeher ein Dorn im Auge gewesen waren. Auch hatten nicht zu allen übrigen Ritterorden durchweg freundschaftliche Bande bestanden. So beargwöhnten vor allem die Johanniter seit jeher den raschen Aufstieg und die Machtfülle des Templerordens. Doch erst am Ende des 13. Jahrhunderts, als die Zeit der Templer im Heiligen Land zu Ende ging, entlud sich ihr aufgestauter Hass in den Straßen Akkos in offenen Scharmützeln mit den Templern.

Nach dem Verlust Palästinas wandte sich der Orden nun Europa zu, in der Hoffnung, dort eine neue Aufgabe und Daseinsberechtigung zu finden. Schließlich waren die Mönchsritter von allem Anfang an die Bankiers des Papstes im Heiligen Land gewesen und hatten in seinem Namen Steuern eingetrieben. In Spanien wiederum gab es gar nur eine einzige Institution, die Geld verleihen durfte: der Templerorden. Über ein Jahrhundert lang waren die Mönchsritter Finanzberater der königlichen französischen Familie gewesen, ähnlich wie am englischen Hofe.

Wie groß der politische Einfluss des Ordens im Abendland war, ließ sich gerade an seiner Stellung in England ablesen. Dort wurde der Meister des Tempels nämlich regelmäßig zu Sitzungen des Parlaments eingeladen und als Oberhaupt aller kirchlichen Orden betrachtet; zuweilen residierten sogar englische Könige im Londoner Ordenshaus. Dies gipfelte in einem aussagekräftigen Ereignis: Als Heinrich III. 1252 infolge eines Streits mit der Beschlagnahmung der Templerländereien drohte, musste er sich vom Ordensmeister sagen lassen, dass er nur so lange regieren werde, wie er Gerechtigkeit übe. Wenn er das Recht breche, seien auch seine Tage als König gezählt.

DAS LEBEN IN DEN KOMTUREIEN

Über der militärischen Schlagkraft des Ordens darf man niemals vergessen, dass das tägliche Leben der Templer wie bei jeder anderen mönchischen Gemeinschaft von ihrer Ordensregel bestimmt war. Ihre Ordenshäuser in den Komtureien waren wie Klöster der Benediktiner oder Franziskaner konzipiert.

Es gab keine Einzelzellen – alle schliefen in einem großen Gemeinschaftsraum. Spartanisch war auch das Zubehör: Neben einem Strohsack mit Leinentuch und einem Kopfpolster wurde jedem Ordensmitglied im Winter zusätzlich nur eine Decke zugestanden. Tisch, Stühle, Truhen kamen manchmal hinzu, wobei Letztere keine Schlösser besitzen durften. Meister und Vorsteher der Komtureien genossen etwas mehr Luxus und besaßen eigene Räume, wobei auch bei ihnen die ganze Nacht über ein Licht brennen musste, um sicherzustellen, dass sie bei Alarm sofort einsatzbereit waren.

Teilnahme an den gemeinsamen Mahlzeiten war Pflicht. Ein Abschnitt der Ordensregel besagte, dass sich jeweils zwei Brüder einen Essensnapf teilen sollten. Ob das gleichzeitig auch bedeutete, dass immer zwei Templer aus einem Napf essen mussten, wie es im Übrigen fürs Mittelalter nicht unüblich war, ist nicht bekannt. Vermutlich war das Ziel dieser Verordnung, dass die Brüder zusammen aßen und nicht wie Eremiten allein ihre Mahlzeiten zu sich nahmen.

Zu den Mahlzeiten wurde geschwiegen, während ein Bruder aus der Bibel vorlas. Bevor sich ein Templer an den Tisch setzen durfte, hatte er 60 Vaterunser

DIE MAGISCHE DREI

Prominentestes Beispiel dafür, dass die Drei, die heilige Zahl der Druiden, nahtlos Eingang in die christliche Glaubenswelt fand, ist wohl die heilige Dreifaltigkeit aus Vater, Sohn und Heiligem Geist. Und doch: Die Häufigkeit, mit der Bernhard von Clairvaux die Dreizahl in seiner Ordensregel erwähnt, ist auffallend.

So war ein Templer etwa ausdrücklich dazu verpflichtet, selbst gegen drei Gegner den Kampf aufzunehmen. Zurückschlagen durfte er wiederum erst dann, wenn er dreimal attackiert worden war. Blieb eine Aufgabe unerfüllt, so wurde der Mönchssoldat dreimal gegeißelt. Dreimal pro Woche gab es Fleisch zu essen, dreimal im Jahr musste er zur Kommunion gehen, dreimal in der Woche die Messe hören, dreimal in der Woche Almosen geben, und drei Teller durften von einem Templer geleert werden, wenn er mehrere Tage lang gehungert hatte.

Drei ist aber auch die wesentliche Zahl in der Lehre des Pythagoras. Sie verkörpert für den griechischen Philosophen die Vereinigung von Materie und Form: Unendlicher Gott und unendliche Materie werden darin eins. Durch die Drei ist das All vollendet – in Höhe, Breite und Tiefe des Raumes, Vergangenheit, Gegenwart und Zukunft der Zeit. Nur Gott muss sich nach Bernhard von Clairvaux nicht diesem Prinzip unterwerfen: Er ist die Vier – nämlich Länge, Höhe, Breite und Tiefe.

zu beten, je 30 für die Lebenden und für die Toten. Dabei wurden besonders jene bedacht, die den Orden durch Spenden unterstützt hatten.

Stundengebete mussten zu bestimmten Zeiten abgehalten werden; allerdings konnte man sich zu gewissen Gelegenheiten davon befreien lassen, beispielsweise bei einem Feldzug. Ansonsten wurde wie bei jedem anderen Mönchsorden auch größter Wert auf ein rücksichtsvolles und barmherziges Leben in der Gemeinschaft gelegt. Diese war und blieb der Mittelpunkt des mönchischen Lebens, nicht der Einzelne. So waren die Ritter nach ihrer Aufnahme einander gleichgestellt. Auch der ehemalige Graf der Champagne unterwarf sich etwa, als er dem Orden beitrat, bedingungslos dem Großmeister Hugo von Payens, obwohl er im weltlichen Leben über diesem gestanden hatte.

Wenn ein Templer starb, wurde sein Platz am Tisch vierzig Tage lang an einen Armen vergeben. Freitags und während der vorgeschriebenen Fastenzeit gab es Fisch zu essen. Aber wie sehr dies alles auch nach einem spartanischen Leben klingen mag: Selbstkasteiung und übertriebene Askese hatte Bernhard den Rittern verboten. Er brauchte schließlich gesunde, starke Männer, die Schwert und Lanze ebenso sicher in der Hand wie Gottes Wort im Munde führen konnten.

Den Komtureien oblag es ebenfalls, Geld für militärische Unternehmungen einzunehmen. So waren die Burgen in Outremer von den Zuwendungen aus den Komtureien jenseits des Mittelmeers abhängig. Obst, Gemüse und Getreide baute jedoch jede Komturei als Selbstversorger selbst an. Und das mochte etwas heißen: Mitunter mussten dort nämlich 1700 Personen – Ritter, Bedienstete, Söldner, Handwerker – verpflegt werden.

In den Komtureien trugen die Templer weiße, hemdartige Gewänder und darunter eine Art weiter Hosen, die von einem Stoffgürtel zusammengehalten wurden. Für die Schlacht legten sie das lange oder kurze Kettenpanzerhemd an, den »Haubert«, und darunter einen gepolsterten Schulterschutz; eine gepanzerte Kapuze oder ein Eisenhelm schützte den Kopf. Panzerungen gab es auch für die Beine. Der dreieckige und leicht gewölbte Schild des Templers bestand aus Holz und war mit Leder überzogen.

Morgenstern und ein großes Schwert gehörten ebenso zur Ausrüstung wie mehrere Messer.

Ganze Familien schlossen sich mit der Zeit dem immer mächtiger werdenden Orden an und arbeiteten als Pächter auf seinen zahlreichen Bauernhöfen. Diese Familien entgingen durch den Ordensbei-tritt der Zahlung des Kirchenzehnten, waren darum oft genug finanziell besser gestellt und genossen gleichzeitig den Schutz einer starken Gemeinschaft.

Alles, was dem Tempel gehörte, trug das Tatzenkreuz. Das galt sowohl für Vieh als auch für Gebäude. Heute weiß man, dass es auch spezielle »Schulungszentren« gegeben haben muss. Die Templerniederlassung in Mas Deu etwa, westlich von Perpignan, gibt noch heute Anlass zu mancherlei Spekulationen, scheint hier doch die geistige Elite der Templer ausgebildet worden zu sein. Der letzte Kommandant von Mas Deu, Raymond Saguardia, führte das Ordenshaus mit sicherer Hand. Von jeher wunderten sich die Historiker über die starke Fluktuation in Mas Deu. Dort schien ein ständiges Kommen und Gehen der Ordensritter zu herrschen – ein überzeugendes Indiz dafür, dass Mas Deu als Ausbildungsstätte fungierte.

Ein solches spirituelles Zentrum erinnert im Übrigen an den militärisch und religiös geprägten Ribat der Moslems, der auch im lange Zeit maurisch beherrschten Spanien weit verbreitet war. Wer im Ribat diente und arbeitete, erfüllte nach islamischer Auffassung seine Verpflichtung zum Dschihad, zum heiligen Krieg. Schließlich setzte sich auch im Denken der Templer und anderer Ritterorden – die ja zahlreiche Kontakte mit Spanien unterhielten – diese Einstellung durch: Aus dem gerechten Krieg wurde somit ein heiliger, dessen erklärtes Ziel es war, die Ungläubigen zu töten.

ZEICHEN, SYMBOLE UND OKKULTES

TATZENKREUZ UND WEISSER MANTEL

Das achtspitzige Tatzenkreuz haben Hugo von Payens und die Templer der ersten Stunde noch nicht gekannt. Erst Jahre nach ihrem Tod tauchte es auf: Genauer gesagt wurde es zum ersten Mal am 27. April 1147 verwendet.

Das Kreuz, das den Orden so berühmt machte, wurde auf der linken Schulter über dem Herzen getragen und sollte durch die Tatzenform das Leiden Christi symbolisieren; Rot galt zugleich als die Farbe vergossenen Blutes und als die Farbe des Lebens. Das Kreuz selbst ist ein uraltes Symbol, das sich schon lange vor dem Christentum in vielen Kulturen findet. Für die Templer verkörperte es die vier Elemente – Luft, Erde, Feuer und Wasser – ebenso wie die vier Evangelisten sowie das Universum. Seine acht Spitzen wiederum standen für das Glück, das jeder Templer dabei empfinden sollte, niemand anderem als dem Herrn der Welt dienen zu dürfen. Acht ist zudem das Zeichen des ewigen Kreislaufs und als Lemniskate – als die liegende Acht – das mathematische Symbol für Unendlichkeit. Deshalb wohl sind auch so viele Templerkirchen über einem oktogonalen Grundriss erbaut.

In Frankreich nannte man die Templer auch Weißmäntel. Ihr Mantel, Chlamys genannt, der das blutrote Tatzenkreuz trug, symbolisierte die Armut des Ritters, denn er wurde aus ungebleichtem Tuch gefertigt und weder gefärbt noch anderweitig veredelt. Der weiße Mantel war daneben auch Sinnbild für die Reinheit und Keuschheit des mönchischen Ritters. Auch die Kapläne des Tempels trugen diese Mäntel, die im Kampf wie auch während des Gottesdienstes nicht abgelegt wurden. Wer seinen Mantel im Zorn auf den Boden schleuderte, musste seine Waffen und seine Pferde für einen bestimmten Zeitraum abgeben. »Den Mantel niederlegen« durfte rechtmäßig nur derjenige, der seine Arbeit im Heiligen Land beendete und diesem den Rücken kehrte.

ZWEI RITTER AUF EINEM PFERD

Dieses berühmte Siegel der Templer wurde oft als Zeichen der Brüderlichkeit und der Armut gewertet: Ein Pferd genügt für zwei Templer! Doch genau das Gegenteil war der Fall, besagte die Regel doch, dass ein Templer zwei Pferde besitzen durfte. Aber auch als angeblich geheimes Symbol für die Homosexualität unter den Brüdern musste das Siegel oft genug herhalten.

Doch was stellt es wirklich dar? Zunächst: Es ist – einmal mehr – keltischen Ursprungs (auch hier wieder die Dreizahl: zwei Reiter und ein Pferd) und versinnbildlicht die zwei Naturen des Menschen, die göttliche und die menschliche. Der Körper als Instrument für die Seele und den Geist macht sich auf die Suche nach dem Göttlichen. Die wohl schönste Darstellung dieser Art findet sich übrigens im bretonischen Plébouille in der Nähe vom Cap Fréhel – dort ist sie in der ehemaligen Templerkapelle als farbig gestaltetes Kirchenfenster zu bewundern.

Eine weitere, umstrittene Deutung besagt, dass der Orden eine geheime zweite Kommandoebene besaß. Von ihr soll am Ende auch der Befehl ergangen sein, die Auflösung des Ordens durch Papst und französischen König nahezu kampflos zu dulden. Es gibt sogar eine Liste jener Großmeister oder *nautonniers*, wie sie sich selbst nannten, die im Verborgenen die Geschicke des Ordens gelenkt haben sollen.

BEAUCÉANT: DIE KRIEGSFLAGGE

Über diese Flagge, die alte Chroniken auch als Gonfanon bezeichnen, wurde ebenfalls schon viel geschrieben. Die Farben dieser Fahne sollen schwarz und weiß gewesen sein, um zwei Extreme zu symbolisieren: Als Löwen im Krieg und Lämmer im Frieden betrachteten sich die Ritter mit dem Tatzenkreuz selbst.

Einige Autoren berichten, dass Schwarz und Weiß schachbrettartig angeordnet gewesen seien. Wenn dem so gewesen sein sollte, so stellt sich die Frage, warum die Fahne auf ihre Feinde so erschreckend gewirkt haben sollte, wie es tatsächlich der Fall war. Darum liegt die Vermutung nahe, dass auf dem Beaucéant etwas völlig anderes abgebildet gewesen sein muss: vermutlich ein Totenkopf und zwei gekreuzte Knochen, ähnlich jener Darstellung, die sehr viel später die karibischen Piraten für ihre Flagge verwendeten. Immer wenn die Kriegsfahne der Templer wehte, verhieß dies also schon von fern Kampf, Gewalt und Tod. Erwähnenswert ist in diesem Zusammenhang, dass sich die Großmeister nach ihrem Tod in einer eigentümlichen Weise beerdigen ließen: Dabei kamen der abgetrennte Kopf und die

Beine so auf dem Rumpf zu liegen, wie es die Kriegsflagge zeigte – ein Symbol, das sich später auf vielen Freimaurergräbern wieder fand.

Zugleich wurde der Name der Fahne als Schlachtruf verwendet. Woher der Ausdruck *beaucéant* stammt und was er bedeutet, bleibt allerdings ein Rätsel. Einige führen ihn auf *baucent* (»zweigeteilt«) zurück, was wiederum auf die polaren Prinzipien von Gut und Böse hindeuten würde.

DAS ORDENSMOTTO

»Nicht uns, o Herr, nicht uns, sondern Deinem Namen sei Ehre!« Getreu dieser Devise – den ersten Versen des 115. Psalms – hatte sich der Ritter in unbedingtem Gehorsam dem göttlichen Prinzip zu unterwerfen, gleichgültig, was auch immer an Gutem oder Schlechtem ihm widerfahren mochte. Er lebte allein für Gott und überantwortete ihm sein Leben.

Auf der anderen Seite implizierte dies: Weder Papst noch Könige konnten einen Templer bevormunden – er nahm für sich in Anspruch, dass kirchliche Dogmen oder herrscherliche Anordnungen nicht für ihn galten. Zugleich fungierte dieses Motto auch als Wahlspruch für den heiligen Krieg, dem sich die Templer ja mit Leib und Seele verschrieben hatten.

DREI FARBEN

Die von den Templern verwendeten Farben Rot, Weiß und Schwarz erinnern an einen Schwan (schwarze Füße, weißer Körper, rötlicher Schnabel), einen den Kelten heiligen Vogel.

Rot ist die Farbe des Lebens, des Heiligen und des Geheimnisses. Zudem steht es für die Liebe und die Sonne, von der alle Kraft in der Natur ausgeht. Auch Jesus und Maria Magdalena etwa werden in der christlichen Ikonografie häufig mit einem roten Mantel bekleidet abgebildet.

Weiß hingegen vertritt die Reinheit und Keuschheit sowie den Mond, zeigt aber auch die Grenze zwischen dieser Welt und der jenseitigen, der Anderswelt auf. Schwarz wiederum steht für Kraft und Mut ebenso wie für die Transzendenz, die Wiedergeburt, die Alchemie. Ferner symbolisiert Schwarz den Übergang von Tag zu Nacht, vom Guten zum Bösen, vom Bewussten zum Unbewussten. Übrigens: Auch Jesus wird in der Kunst des Mittelalters zuweilen mit einem schwarzen Mantel gezeigt.

STERNENWEISHEIT UND GEHEIMWISSEN

Die österreichische Templerburg Lockenhaus im Burgenland besitzt einen Kultraum, der so angelegt wurde, dass ein bestimmter Stern einmal im Jahr über einer kleinen Öffnung im Dach steht und sein Licht in eine Schale aus poliertem Granit fällt, die in dem darunter liegenden Raum auf einer Säule ruht.

Welchen Stellenwert die prophetische Sternenkunst bei den Templern innehatte, zeigt auch die auf einem Hügel erbaute Kirche San Miniato in Florenz aus dem Jahre 1207. Deren Mamorfußboden ziert ein wunderschöner, großer Tierkreis, der zeigt, dass die gesamte Kirche auf die seltene Konjunktion von Merkur, Venus und Saturn im Zeichen Stier Ende Mai 1207 ausgerichtet wurde.

In der geheimnisvollen Kirche von Montsaunès am Fuße der Pyrenäen wird der Innenraum (Wände und Decke) der Kirche zur Projektionsfläche für okkultes und astrologisches Wissen. Montsaunès liegt südlich von Toulouse und war eine wichtige Etappe auf dem Pilgerpfad nach Compostela. Astronomische Zeichen wie die Sternbilder des Sirius und des Schützen sowie die sieben Schüler des heiligen Jakobus verbunden mit sieben Planeten bestimmen das besondere Bild dieser Kirche. Ein von einem Kreis umgebenes Kreuz gibt exakt die vier Himmelsrichtungen an.

Eine faszinierende Galerie von Köpfen ziert den Eingang. Die 52 (nach der Anzahl der Jahreswochen?) vom Steinmetz meisterhaft gearbeiteten Köpfe von Enthaupteten blicken auf den Besucher herab und wer jemals Zweifel an einem Kopfkult der Templer hegte, wird angesichts dieser ausdrucksstarken Gesichter eines Besseren belehrt. Aber warum weicht der grimassenartige Ausdruck in den Gesichtern mehr und mehr einer ernsten und in sich gekehrten Miene, je näher die Reihe der Köpfe rechts wie links dem großen Chrismon (dem Christus-Monogramm) kommt, das über ihnen die Mitte über dem Bogen des Eingangs bildet? Und warum tragen einige Köpfe Kronen? Sind es Könige oder repräsentiert das gekrönte Haupt in Wahrheit nur eine einzige Person, nämlich den Deus Rex, Jesus Christus – den Gleichen unter Gleichen, die allesamt Tempelritter sein könnten?

Das Pendel wiederum symbolisiert, dass Leben in Tod übergeht und Tod in Leben. Zugleich werden durch die Sterne, die das große Symbol umgeben wie ein Meer, in dem es »schwimmt«, die Gegensätze von unten und oben, von Himmel und Erde aufgehoben. Wer an die Kraft des Baphomet-Grals glaubt, so scheint das mächtige Symbol der Templer dem

Betrachter seit dem Mittelalter zuzurufen, ist für immer im Ewigen aufgehoben.

GEHEIMNISVOLLE GRAFFITI

In dem großen Prozess, der das Ende der Templer einläutete, wurde diesen die Ausübung magischer bzw. ketzerischer Praktiken vorgeworfen. Unter anderem war die Rede von einem merkwürdigen »Kopf«, dem Baphomet, den seither allerdings niemals jemand zu Gesicht bekommen hat. Man konnte zwar keine der Anschuldigungen beweisen, dennoch darf wohl zu Recht behauptet werden, dass die Templer nicht immer auf christlichen Pfaden wandelten.

Als Beweis mögen die seltsamen Graffiti (Wandritzungen) herhalten, die man in den Templergefängnissen von Domme und Chinon in Frankreich entdeckt hat. In beiden Gefängnissen waren seit 1307 Templer inhaftiert, die der Nachwelt an den Wänden ihrer Verliese ihr geistiges Testament hinterließen. So stößt man im Turm von Coudray in Chinon auf Zeichen und Symbole besonderer Art: dreifache Gürtel, Rechtecke, das Siegel Salomons, das spiralförmige S des Sol invictus, der unbesiegten Sonne (der auf den antiken Mithraskult verweist), und Sterne mit acht Strahlen in Quadraten. In Domme wiederum finden sich der Ouroboros – die sich in den Schwanz beißende Weltenschlange – und der heilige Gral inmitten von Kreuzen.

Die Quader der Gefängnismauern sind übersät mit merkwürdigen Zeichen, deren Entschlüsselung noch so manches Rätsel aufgeben wird. Und der Verdacht drängt sich auf, dass es sich hierbei um eine Geheimschrift im Stile der Kabbala handelt.

DIE BAUTEN DER TEMPLER

Würde man auf einer Europakarte alle ehemaligen Niederlassungen und Kapellen der Templergemeinschaft eintragen, so ergäbe dies eine beachtliche Ansammlung von mehreren tausend Punkten in Frankreich, denen in Großbritannien beispielsweise nur 30 gegenüberstünden. Insgesamt schätzt man die Besitzungen des Ordens, die sich über ganz Europa verteilen, auf etwa 11 000. Ein gut angelegtes Verkehrswegenetz – verbunden mit einem effizient arbeitenden Kurierdienst – hielt die Verbindung zwischen den einzelnen Niederlassungen aufrecht, sodass beispielsweise Nachrichten aus dem Norden Deutschlands innerhalb weniger Tage nach Süditalien gelangen konnten.

Was nun die Architektur der Zentralbauten des Ordens angeht, so lässt sich die überdurchschnittliche Häufung einer bestimmten Bauweise feststellen. So etwas ist jedoch niemals willkürlich, sondern legt den Einfluss geheimer Traditionen nahe. Jede geheime Gesellschaft – und man sollte die Templer auf weiten Strecken dazu zählen – benutzt nämlich ganz bestimmte Zeichen und Symbole, mit denen Außenstehende nichts anfangen können. Wem es jedoch gelingt, diesen Code zu entschlüsseln, der dringt zum Kern des Geheimnisses vor.

Ebenso augenfällig wie auffällig ist die Vorliebe der Templer für die gotische Kunst. Einige Forscher behaupten, dass die Mönchsritter die Gotik gar erfunden hätten. Das dürfte jedoch zu hoch gegriffen sein. Richtig ist vielmehr, dass der Orden die Ausbreitung der Gotik durch den Bau von Kathedralen massiv unterstützte und förderte. Der Grund dafür ist simpel: Die Idee des neuen Baustils kam den Zielen des Templerordens in einem ganz bestimmten Punkt entgegen.

Die Gotik stellt einen großen Bruch zur Romanik dar. Eine romanische Kirche ist ein Ort der Meditation, des Gebetes und der Andacht. Sie erlaubt die individuelle Ausweitung, den Kontakt des Einzelnen mit dem Göttlichen in einer kleinen, fast lichtlosen Umgebung. Während die romanische Kirche also eher ein inneres Heiligtum darstellt, versteht sich die gotische Kathedrale als großen, in den Himmel fliehenden Raum und kollektiven Tempel. Hier verlagern sich alle Symbole und esoterischen Motive von innen nach außen – bis auf wenige Ausnahmen, etwa das Labyrinth und die Heiligenbilder. In der Gotik liegen Meditation und Gebet nicht mehr beim Einzelnen, sondern bei der Gemeinschaft der Gläubigen. Hier ist man nicht mehr für sich, sondern steht stets in Beziehung zum Nächsten.

Initiationen vollzogen die Templer jedoch nicht in gotischen Kathedralen. Dafür bauten sie nach einem ganz bestimmten Plan kleinere Kapellen und Häuser – darunter die Templerkirchen im nordspanischen Eunate und im nordfranzösischen Laon –, die alle eine oktogonale Form haben. Diese Bauweise lernten die Templer vermutlich im Heiligen Land kennen (so besitzt etwa der untere Teil der Al-Aqsa-Moschee auf dem Berg Moria diese Form).

Vom Achteck ist es nur mehr ein kleiner Schritt zur Rotunde, dem Rundbau mit einer Kuppel, die von Säulen getragen wird. Sie bildet allerdings eher die Ausnahme unter den Templersakralbauten. Dennoch: Die erste Kirche der Templer in Paris war eine solche Rotunde mit sechs Säulen. In London steht eine weitere – und auch Rosslyn Chapel in Schottland wurde als Rotunde erbaut, vermutlich aber bereits 1309 abgerissen. Die schönsten Exemplare einer Rundkirche finden sich in der Burg Tomar in Portugal – mit acht herrlich gearbeiteten Säulen – und im kastilischen Segovia.

Templerrotunden

Mitten auf freiem Feld am Jakobsweg nach Santiago de Compostela steht isoliert eine der ungewöhnlichsten und zugleich schönsten Templerkapellen: Eunate (baskisch für »hundert Pforten«). Sie wurde der Jungfrau Maria geweiht und wohl zwischen 1180 und 1220 erbaut. Die kleine Kirche ist oktogonal angelegt und von einem äußeren, mit Arkaden versehenen Wandelgang umgeben, der wiederum den Felsendom in Jerusalem zum Vorbild haben könnte.

Bei Ausgrabungen stieß man auf Jakobsmuscheln (das Erkennungszeichen der Jakobspilger) und Skelette von Pilgern, die hier auf dem Weg nach Compostela ihre letzte Ruhestätte fanden. Deshalb halten die Archäologen Eunate für eine Totenkirche, was allerdings ebenso fraglich ist wie ihre Nutzung für katholische Zeremonien überhaupt: Schaurige Baphomet-Köpfe und keltische Tau-Kreuze gehören nicht gerade zum christlichen Repertoire, ebenso wenig wie die teuflischen Fratzen und die halb vogel-, halb schlangenartigen Wesen, die den Betrachter herausfordernd anblicken. Das Kreuz, das Symbol des Leidens, fehlt ganz, dafür scheint der auferstandene Christus unter den Aposteln zu tanzen. Vor allem der das Gebäude umgebende Wandelgang deutet auf Initiationsriten hin, die hier einstmals abgehalten wurden.

Ein wenig erinnert die ganze Anlage an die zinnengekrönte Templerkapelle von 1162 im portugiesischen Tomar. Auch dort gibt es eine herrlich gearbeitete Rotunde und einen umlaufenden Wandelgang. Von ihm weiß man, dass ihn die portugiesischen Templer zur heiligen Messe hoch zu Ross durchritten und dabei geheimnisvolle Worte murmelten.

Eine wunderbare Templerburg in diesem Stil ist auch die von Gisors, etwa 60 Kilometer nordwestlich von Paris gelegen. Gisors wurde exakt nach dem Tierkreis ausgerichtet. Ähnlich wie in der Burg Lockenhaus in Österreich fällt hier jährlich am 31. Dezember um Mitternacht das Licht eines Sternes auf eine ganz bestimmte Stelle im Innenhof der von zwölf Türmen und Toren umgebenen Burgmauer.

DIE ASSASSINEN: BRÜDER IM GEISTE?

Auf die politisch-religiöse islamische Sekte der Assassinen (arabisch »Haschischraucher«), die im elften Jahrhundert gegründet wurde und seit jeher durch ihre Blutrünstigkeit von sich reden machte, stießen die Templer bei ihrer Ankunft im Heiligen Land. Und obwohl eine Verbindung zwischen dieser mörderischen Organisation und den christlichen Mönchsrittern auf den ersten Blick vollkommen abwegig erscheint, gab es wohl doch seltsame Übereinstimmungen, die auf einen geheimen Zusammenhang hindeuten. So wiesen Templer wie Assassinen fast identische Strukturen auf und verwendeten sogar dieselben Farben: Rot, Weiß und Schwarz. Zudem schienen sich beide der gnostischen Lehre verpflichtet zu fühlen.

Im Englischen, Französischen, Spanischen oder auch Italienischen werden noch heute Vokabeln verwendet, die etymologisch auf die Assassinen zurückgehen: *to assassinate*, *assassiner*, *asesinar* oder *assassinare*. Sie alle bedeuten »jemanden (heimtückisch) ermorden«, und obwohl sie so weit verbreitet sind, weiß kaum jemand um ihre Abkunft von den islamischen Assassinen, die bereits unter den Zeitgenossen als »Meuchelmörder« gefürchtet waren.

Beinahe zwei Jahrhunderte lang konnte sich diese Splittergruppe der Ismailiten als Geheimgesellschaft halten. Ihre Festung war Alamut – das »Adlernest« – hoch oben auf einem Berggrat nahe dem Kaspischen Meer: eine sichere, fast uneinnehmbare Trutzburg dieser gefährlichen Bewegung. In Alamut befand sich nicht nur eine hoch entwickelte Sternwarte, sondern vor allem auch eine unvergleichliche Sammlung von wissenschaftlichen, religiösen, philosophischen und esoterischen Werken. Diese Bibliothek des geheimen Wissens ging im 13. Jahrhundert unwiederbringlich verloren, als die Mongolen sie niederbrannten.

Die Assassinen schufen die erste effiziente und vor allem dauerhafte Organisation, deren erklärtes Ziel es war, Terror als politische Waffe einzusetzen. Bei ihren Mordanschlägen benutzten sie stets den Dolch; ein Meuchelmörder machte nach seiner Tat für gewöhnlich auch keine Anstalten zu fliehen, denn es galt als Schande, eine Mission zu überleben. Das passt noch heute zur Märtyreridee der Selbstmordattentäter, die glauben, nach ihrer Tat sofort ins Paradies einzugehen.

Im Wirken der Assassinen vereinigten sich kaltblütige Planung und religiöser Fanatismus. Ihr Gebot der absoluten Geheimhaltung garantierte sowohl Sicherheit nach außen als auch Solidarität nach innen. Somit wurde ein interner Gruppenzusammenhalt erreicht, der zumeist von einer charismatischen, zugleich kühl berechnenden Führerpersönlichkeit unterstützt wurde. In den Anfangstagen der Sekte war dies Hasan y Sabbah, der »Alte vom Berge«, dem es gelang, eine gewaltige Anhängerschar hinter sich zu bringen: Menschen, die in den Tod gingen, sobald er es ihnen gebot. Dies demonstrierte er einmal einigen Templern, die sich auf Alamut befanden und vor deren entsetzten Augen sich auf seinen Befehl zwei Getreue ohne zu zögern in den Tod stürzten. Kein Wunder also, dass sich um die Assassinen seit Jahrhunderten haarsträubende Geschichten ranken.

In der Nähe von Alamut gab es einen geheimen Garten, der nur durch eine Höhle erreichbar war. Jeden Assassinen, der mit einem Mordauftrag fortgeschickt wurde – was ja zugleich auch das Ende seines eigenen Lebens bedeutete –, setzte man unter Drogen und führte ihn in den Garten, damit er schon einmal einen Blick ins Paradies werfen konnte. Denn dieser Garten muss wunderschön gewesen sein: Ein herrlicher See lud zum Baden ein, die Bäume trugen erlesene Früchte, und es lebten liebreizende Mädchen dort, die sich dem designierten Mörder hingaben. Natürlich konnte dieser keinen Zweifel mehr daran haben, im Paradies zu sein! Kurz vor Sonnenaufgang musste er den Garten zwar wieder verlassen, doch nun war er bereit, für das zu sterben, was er gesehen und erlebt hatte. Bei Tageslicht besehen und ohne Drogeneinfluss wäre der Garten sicherlich weniger eindrucksvoll gewesen. Aber das wusste ja nur der Alte vom Berge ...

Wenngleich also vieles dafür spricht, dass der Name der Assassinen mit dem arabischen Wort für Haschisch zusammenhängt, werden auch andere Herleitungen diskutiert. So ist in diesem Namen auch das arabische *assas* erkennbar, das so viel wie »Hüter« oder »Wächter« bedeutet. Ob sich die Sekte als Hüterin des Heiligen Landes oder eher einer Geheimlehre verstanden wissen wollte, bleibt allerdings unklar. Dennoch rückt diese Vorstellung die Assassinen in die Nähe der Templer: Vordergründig betrachteten sich die Templer ja ebenfalls als die Wächter der Heiligen Stadt Jerusalem und der Pilgerwege in Palästina, auch wenn sie dieser Aufgabe eher halbherzig nachkamen. Der zeitgenössische Dichter Wolfram von Eschenbach (1170–1220) jedenfalls hat sie in seinem berühmten Versepos *Par-*

zival als die wahren und einzigen Hüter einer geheimen Tradition verewigt.

Die Assassinen waren also viel mehr als »nur« meuchelmörderische Sektierer. Zahlenmystik, Gnosis und Kabbala bildeten den Kern ihrer Lehren. »Nichts ist wahr, und alles ist erlaubt«, soll ihr Wahlspruch gewesen sein. Diese Radikalität im Handeln wie auch in der Gefolgschaft und unverbrüchlichen Treue zu ihrem Großmeister, dem Alten vom Berge, muss die Tempelritter fasziniert haben. Ihre Treue bis in den Tod hinein fand sogar Eingang in die Minneliteratur. So heißt es bei Bernart de Bondeils: »Wie die Assassinen ihrem Meister standhaft dienen, so habe ich Amor gedient in unverbrüchlicher Treue.«

So viel Hingabe hat die Menschen zu allen Zeiten tief bewegt und die Assassinen in diesem Punkt für die Templer zum großen Vorbild werden lassen. Eine weitere Parallele ist das Schicksal beider Glaubensgemeinschaften, das in der Katastrophe gipfelte – mit dem Unterschied, dass die Assassinen darin dem Templerorden vorausgingen. 1256 wurden sie erstmals durch die Mongolen vernichtend geschlagen und 1277 endgültig ausgelöscht.

DAS PHANTOM DES BAPHOMET

Zu den größten und dunkelsten Geheimnissen des Templerordens zählt der rätselhafte Baphomet. Dabei handelt es sich offenbar ursprünglich um ein Idol in Form eines Kopfes, dem in den Templerprozessen ab 1307 eine wichtige Rolle zukam. Beschrieben wird er in den Protokollen als ein aus Silber geformter Frauenkopf, der einen weiblichen Schädelknochen enthielt und die Aufschrift »Caput LVIII m« trug (»m« ist das astrologische Zeichen für Jungfrau).

Worum es sich bei diesem Kopf wirklich gehandelt haben mag, ist nicht bekannt. Er verschwand wenig später und wurde bis heute nicht wieder aufgefunden. Vielleicht stellte er eine Reliquie dar, die Reliquie Nummer 58? Auffallend ist jedenfalls, dass der Kopf mit dem »m« gekennzeichnet wurde und nicht mit dem üblichen Symbol für weiblich. Sollte dieser Buchstabe etwa auf die Jungfrau Maria oder auf Maria Magdalena hinweisen – zwei Frauengestalten aus dem Neuen Testament, die beide für den Orden eine große Bedeutung besessen hatten?

Seltsamerweise scheinen die Inquisitoren niemals ernsthaft herauszufinden versucht zu haben, was es mit dem Baphomet, diesem »Schädel 58 m«, auf sich hat. Liest man die Protokolle der einzelnen Verhöre aufmerksam, so stellt man zwar fest, dass nach dem geheimnisvollen Baphomet gefragt wurde – doch offenbar genügte es den Inquisitoren, einzig und allein die widersprüchlichen Angaben darüber festzuhalten. Keiner von ihnen machte sich jedenfalls die

Mühe, den kultischen Hintergrund dieses heidnisch anmutenden Objekts zu ergründen. Denn dass man ihn nicht für eine heilige Reliquie hielt, wird an der Tatsache deutlich, dass er immerhin negativ auffiel und man Fragen dazu stellte: An einer Reliquie hätte die Kirche ja nichts auszusetzen gehabt. Etwas Verbotenes musste also dahinter stecken. Aber was?

Nicht minder merkwürdig indes ist, dass niemand Genaueres wissen wollte. Deckte man die ganze Häresie nur schlampig und bruchstückhaft auf, weil schnelle Geständnisse genügen mussten? Fürchtete man in höchsten kirchlichen Kreisen, dass weitaus Schlimmeres zu Tage treten könnte, wenn man energischer in die Angeklagten drang? Etwas, das auch an den Glaubenspfeilern der Kirche rütteln könnte? Wir wissen es nicht und sind deshalb auf Vermutungen angewiesen.

Die Anklage bezüglich der Verehrung des Baphomet bleibt sehr allgemein, wie Artikel 46 zeigt:

> Wir werfen euch vor, dass es in allen euren Provinzen Idole gibt, das heißt Köpfe, von denen einige drei Gesichter haben, andere nur eines, und dass sich auch noch an manchen Stellen eurer Kirchen Menschenschädel finden lassen.

Ergänzend fügt der Artikel 47 hinzu:

> Diese Idole betet ihr als euren Gott an, als euren Retter, denn ihr sagt, dass dieser Kopf euch retten wird, weil er euch Reichtum schenkt, Bäume und Blumen erblühen lässt.[3]

Solche Aussagen erinnern sehr an den heiligen Gral, der in der mittelalterlichen Literatur eher als »Tischleindeckdich« und kosmisches Füllhorn denn als heiliges Mysterium dargestellt wird – denn »jedwede Speise, die man sich wünschte, erschien sogleich darauf«, heißt es in einem alten englischen Text. Dürfen wir also aus alldem schließen, dass der Baphomet etwas mit dem heiligen Gral zu tun haben könnte?

Es spräche nicht viel dafür, wenn es sich dabei tatsächlich um einen Kopf oder Schädel handelte. Allerdings ist dies keineswegs erwiesen – die Beschreibungen des seltsamen Templeridols bleiben stets nebulös und widersprüchlich. Eine Variante schildert den Baphomet als bärtigen Männerkopf, wie er in der englischen Kirche Templecombe abgebildet ist; es gibt Hinweise darauf, dass diese Darstellung einstmals den Deckel einer eisenbeschlagenen Truhe geziert haben könnte, in der vielleicht eine Kopie des berühmten Idols der Templer aufbewahrt wurde. Ein ähnlicher Götze ist noch heute an der Pariser Kirche Saint-Merri als steinerne Figur zu sehen, die ebenfalls Templer dort angebracht haben sollen.

Der zuweilen auch zwei- oder dreigesichtig abgebildete Baphomet soll der Überlieferung nach den Templern als »Heiland« gegolten haben, der »alle Bäume erblühen und die Ernte reifen lässt«. In solchen Formulierungen werden Parallelen zu dem irischen Gott Dagda erkennbar, der den Kosmos fortwährend erneuert und erhält und in dessen Reich – der Anderswelt – drei immerzu Frucht tragende Bäume wachsen. Wie viel Keltentum verbirgt sich also noch in den Geheimlehren der Templer?

Nicht zuletzt seine Rätselhaftigkeit ist dafür verantwortlich, dass Baphomet seit den Templerprozessen in den Köpfen der Esoteriker herumspukt. Und man hat keine Anstrengungen gescheut, um hinter sein Geheimnis zu kommen. So etwa bringt der Philosoph und Autor Idries Shah, einer der wichtigsten Vertreter des islamischen Sufismus, Baphomet in sprachlichen Zusammenhang mit *ras elfahmat*, »Haupt der Erkenntnis«, das über das maurische Spanien als *bufimat* schließlich in den europäischen Sprachraum gelangt sei. Mithin sei Baphomet nichts anderes als ein Symbol für den geläuterten Menschen, also den vollendet Initiierten, dessen Bewusstsein sich verwandelt habe.

Weitere zum Teil recht originelle Interpretationsversuche leiten Baphomet von arabisch *bahommerid* – »Moschee« – ab oder bringen ihn mit Bapho in Verbindung, jenem zypriotischen Hafen, von dem aus die Templer jahrelang übers Meer fuhren. Dort habe es im Altertum einen Tempel der Aphrodite-Astarte gegeben, einer mächtigen Muttergottheit, die in christlicher Zeit von der Jungfrau Maria »ersetzt« worden sei. Es sei durchaus denkbar, dass die Madonna – wie übrigens überall in Europa und im Mittelmeerraum – Züge der heidnischen Göttin angenommen habe. Auf dieser Basis wäre zumindest zu erklären, warum einige Templer beim Verhör ausgesagt hätten, es handle sich um den Kopf einer Jungfrau. Demnach könnte er zu einer heiligen Reliquie gehört haben, die die Templer bei ihrem Weggang von Zypern mitnahmen.

Oder ist Baphomet vielleicht eine Verballhornung des französischen *bafouer* (»verspotten, verhöhnen«) und bezeichnet als Geheimwort die Kreuzesverachtung der Templer? Oder, nächster Versuch, steckt in Baphomet doch eher die Kröte, *bufo*, eines der wichtigsten Wappentiere der Merowinger und noch dazu ein klassisches Tier der schwarzen Magie? Erscheint nicht sogar Luzifer mitunter als Kröte? Zu den einfallsreichsten Vorschlägen gehört sicherlich derjenige des Okkultisten Victor-Emile Michelet, der das Wort von rechts nach links las und in »Temohpab« den Wahlspruch der Tempelherren – Templum Omnium Hominum Pacis Abbas (»Der Tempel aller Menschen ist der Vater des Friedens«) – kabbalistisch verschlüsselt zu entdecken glaubte.

Überraschenderweise wussten nur wenige Templer von der realen Existenz dieses geheimnisvollen Kopfes – offenbar nur der Großmeister und die älteren Mitglieder. Diesen Schluss lassen zumindest die Inquisitionsprotokolle zu, denen zufolge die unteren Chargen des Ordens nichts über die Identität des Baphomet aussagen konnten. Sonderbar auch, wie gesagt, der Umstand, dass die sonst so gnadenlos um Aufklärung bemühten Inquisitoren in dieser Sache nicht weiterforschten und auch das Idol selbst seither nie wieder aufgetaucht ist.

Doch damit nicht genug: Selbst die wenigen durch die heilige Inquisition erpressten Aussagen über Baphomet bleiben rätselhaft. Einige Templer behaupteten, wie berichtet, es sei der Kopf einer Jungfrau, andere beschrieben ihn als mit Edelsteinen besetzten Totenschädel oder gar als Katze. An der wunderschönen Templerkirche San Bartolomé im spanischen Caracena wiederum wurde Baphomet als Ungeheuer mit drei Gesichtern dargestellt – war dies eine Verunglimpfung der Heiligen Dreifaltigkeit, ein Sinnbild für die Dreiteilung der Zeit oder doch das Abbild eines keltischen Gottes?

Es wurde ferner ausgesagt, der Kopf habe eine bläuliche Farbe und Flecken sowie einen geteilten Bart und sei vermutlich aus Knochen gefertigt. Der Templer Hugo von Pairaud gab am 7. November 1307 bei seiner Befragung durch die Schergen des Königs bekannt, dass er den Kopf angebetet habe, als er zu verschiedenen zeremoniellen Gelegenheiten den Brüdern gezeigt worden sei, und dass besagter Kopf vier Füße – zwei auf der Seite des Gesichts und zwei am Hinterkopf – gehabt habe. Angesichts dieses Verwirrspiels drängt sich der Verdacht auf, dass die befragten Templer selbst nicht genau wussten, was oder wen sie da eigentlich anbeteten.

Einiges scheint indes dafür zu sprechen, dass der Templerorden in die Tradition der so genannten Männerbünde mit ihren Initiationsriten einzureihen ist – und dass er auch außerchristliches und esoterisches Gedankengut pflegte. So weiß man beispielsweise, dass alle Templer, die dem innersten Kreis angehörten, die indischen Veden und das ägyptische Totenbuch lesen mussten. Somit spräche auch einiges dafür, dass der bärtige Männerkopf des Baphomet als Verkörperung des dunklen, chthonischen Großen Männlichen Prinzips zu deuten sein könnte, das ja ebenso wie das Große Weibliche vom Christentum abgelehnt wurde.

Diese Ansicht würde sich mit der all jener Forscher decken, die das Wort Baphomet als geheimen Ausdruck werten, welcher nur mit Hilfe des Atbash-Codes zu entschlüsseln ist. Dieser Code bediente sich des hebräischen Alphabets und ermöglichte eine systematische Umwandlung von Wörtern zum Ziele der Chiffrierung. Während also der Uneingeweihte eine einfache, scheinbar harmlose Geschichte zu lesen glaubte, erlaubte es dieser Code dem Eingeweihten, den wahren Sinn des Textes zu entschleiern und ihm eine völlig andere Nachricht zu entlocken. Damit wird einer kleinen Schar Auserwählter der Zugriff auf geheimes Wissen ermöglicht, ohne dieses gleichzeitig auch Außenstehenden mitzuteilen.

Ein perverser Edelmann?

Im Zusammenhang mit dem Baphomet ist die Aussage des Templers Antonio Sicci da Vercelli besonders bemerkenswert. Er stand 40 Jahre lang in Syrien im Dienste seines Ordens und gab am 1. März 1311 Folgendes zu Protokoll:

> Ich habe mehrfach erzählen hören, was in der Stadt Sidon geschah. Ein gewisser Edelmann dieser Stadt hatte eine armenische Ehefrau geliebt; er erkannte sie zu ihren Lebzeiten niemals, doch als sie tot war, vergewaltigte er sie in ihrem Grab. Nach der Tat hörte er eine Stimme, die zu ihm sagte: »Komm wieder, wenn die Stunde der Geburt gekommen ist, dann wirst du ein Haupt vorfinden, die Frucht deiner Werke.«
> Als die Zeit der Schwangerschaft vorbei war, kam der Ritter zum Grab zurück und fand ein Haupt zwischen den Beinen der bestatteten Frau. Erneut ertönte die Stimme und sagte zu ihm: »Hüte dieses Haupt wohl, denn es wird dir alles dienstbar machen.«
> Zurzeit, als ich dieses hörte, war der Präzeptor von Sidon Bruder Matthäus, genannt Le Sarmage, gebürtig aus der Picardie. Er war der Bruder des damals regierenden Sultans in Kairo geworden, weil der eine das Blut des anderen getrunken hatte, weshalb man sie als Brüder ansah.[4]

Die Erzählung von dem fränkischen Edelmann, der eine Tote vergewaltigt und neun Monate später von ihr einen wundertätigen magischen Kopf erhält, ist zu gut, um die Lügengeschichte eines einfachen Templers zu sein. Einleuchtender erscheint ein symbolischer Deutungsversuch. Denn der Abstieg ins Grab und die Vereinigung mit der Toten erinnert stark an die Eleusinischen Mysterien. Genauso lief der Initiationsritus ab: Das Ziel der Einweihung war, den Tod zu Lebzeiten zu erfahren, um den Schrecken vor ihm zu verlieren und als Wiedergeborener zurückzukehren. Ähnliche Elemente kennen wir auch von den Freimaurern. Vor allem das Ergebnis der Vergewaltigung weist auf ein Mysterium hin. Demnach ist der Schoß des Todes fruchtbar: Er schenkt dem Mann ein Haupt, also ein neues Verständnis für sich und sein Leben.

So aber löste sich das Rätsel um Baphomet mit Hilfe des Atbash-Codes und enthüllte uns Sophia, die Weisheit selbst und Mittlerin zwischen Licht und Dunkelheit, die schon vor dem Schöpfergott des Universums existierte und für die Entwicklung des Individuums und seine Auferstehung im Geiste die zentrale Gestalt blieb.

Am Schluss sei die vielleicht gewagteste Theorie über den Baphomet erwähnt: Sie geht davon aus, dass es sich bei dem mysteriösen Kopf in Wirklichkeit um das Turiner Grabtuch handelte oder um ein Abbild des Erlösers, die *vera icona* – ein nicht ganz aufgehendes Anagramm von Veronica übrigens, deren Schweißtuch ja aus dem Neuen Testament bekannt ist. Demnach sei das Wort Baphomet eine Art griechisches Anagramm und bedeute transkribiert »Bild des göttlichen Antlitzes« (worauf ja die *vera icona* – das »wahre Bild« – bereits anspielt).

Kommen wir also auf diese Weise der Bedeutung des Baphomet näher? Wer sich dieser Theorie anschließt, wird früher oder später jedenfalls zu dem Schluss gelangen, dass die Templer in dem Idol das Haupt Jesu anbeteten – eines Jesus allerdings, der auf auffällige Weise von dem für das Christentum so zentralen Kreuzestod abgerückt worden war.

Allerdings ließe sich damit auch die den Templern stets vorgeworfene Kreuzesverachtung erklären. Verschiedene Autoren glauben belegen zu können, dass die Templer nicht einen dreidimensionalen Kopf verehrten, sondern das zugegebenermaßen sehr plastisch wirkende Antlitz Jesu auf dem Turiner Grabtuch. Und in der Tat – das Grabtuch zeigt die Vorder- *und* Rückseite eines Mannes. Je nachdem, wie man es zur Schau stellt, kann der Eindruck entstehen, man habe es mit einem doppelten Kopf und zwei Gesichtern zu tun. Dies würde zumindest erklären, warum der Baphomet häufig janusköpfig – zweigesichtig – dargestellt ist. Im Übrigen sei das Grabtuch der sichtbare Beweis, dass Jesus die Kreuzigung überlebt habe – ein Geheimnis, das den Templern von den Katharern überliefert wurde. Diese hatten sich bereits von falschen Symbolen wie dem Kreuz losgesagt und vielmehr Jesu Blut verehrt, wie es sich auf dem Turiner Grabtuch fand.

Dennoch: Wie abenteuerlich oder einleuchtend auch einzelne Erklärungsansätze klingen mögen – bewiesen werden kann in dieser Frage wenig. Dafür sind Templeraussagen und vermeintliche Belege zu spärlich, verworren und undurchsichtig. Es darf also auch weiterhin über das Wesen des Baphomet spekuliert werden.

DER UNTERGANG DER TEMPELRITTER

> Die Templer aber, die der Folter und dem Tod entkommen konnten, ließen ihr Hab und Gut im Stich. Sie flohen in alle Richtungen, die einen nach Schottland, die anderen zu abgelegenen Orten, wo sie sich verstecken konnten. Viele blieben allein und führten fortan das Leben eines Einsiedlers, heißt es in einem französischen Dokument von 1745.[5]

Ebenso schnell, wie der Reichtum der Templer wuchs, mehrten sich auch ihre Neider und Kritiker. Man warf den »Armen Rittern Christi« unter anderem vor, von vorderorientalisch-islamischen Geistesströmungen – beispielsweise dem Sufismus – Züge übernommen zu haben, die dem kirchlichen Standpunkt widersprachen. Mehr noch: Die Templer würden Gott leugnen, auf das Kreuz spucken, sich allerorten überaus selbstherrlich aufführen und homosexuelle Neigungen ausleben.

In Frankreich, wo die Templer riesige Besitzungen unterhielten, verhallten diese Vorwürfe nicht ungehört. Vor allem König Philipp dem Schönen (reg. 1285–1314) kamen sie nicht ungelegen, da die begüterten Templer ihm schon lange ein Dorn im Auge gewesen waren. Zudem hatten sie ihm eine stattliche Geldsumme geliehen, die er nicht zurückzuzahlen gedachte. Und damit noch nicht genug: In Paris besaß der Orden eine Hochburg, den *Temple* (1809 abgetragen); dorthin hatte sich der hochmütige König einst vor seinen Feinden flüchten und bei den Mönchsrittern um Unterschlupf betteln müssen. Über diese Schmach war er niemals hinweggekommen. Und so war er über den Popularitätsverlust der Templer nicht gerade traurig. Er wartete nur noch auf eine günstige Gelegenheit, um gegen sie losschlagen zu können.

Der Stern der Templer schien tatsächlich im Sinken begriffen: Die Kreuzzüge waren endgültig gescheitert und das Heilige Land für die Christenheit verloren – was bedeutete, dass die Templer nun plötzlich ohne Aufgabe, ohne Mission dastanden. Der letzte Großmeister, Jakob von Molay, sah die Gefahr sehr wohl, dass sein Orden schon bald in die absolute Bedeutungslosigkeit abgleiten könnte, und so unternahm er einen letzten Versuch, Papst Klemens V. (reg. 1305–1314) und König Philipp für einen neuen Kreuzzug zu gewinnen. Doch vergeblich. Philipp hatte schon längst seine eigenen Pläne geschmiedet: Wenn es ihm gelang, sie zu verwirklichen, würde dies das Ende der Templer bedeuten.

Schließlich war es so weit – am Freitag, den 13. Oktober 1307, dem Urdatum eines Unglückstags. Der König von Frankreich ordnete in seinem Land Massenverhaftungen gegen die Tempelritter an, die sich wenig später auch in die Nachbarländer fortsetzten. Dies wiederum war das Werk der Kirche. Während sich in Italien die meisten Schwertbrüder der Verhaftung entziehen konnten, ist über das Schicksal der Templer in Österreich, Polen und Ungarn wenig bekannt.

In Frankreich jedoch, ihrem Kernland, setzten sich die Ordensbrüder überhaupt nicht zur Wehr. Sie wurden abgeführt, in den Kerker geworfen und schließlich gefoltert, um Geständnisse zu erpressen. Man beschuldigte sie, sich gegenseitig auf Mund, Nabel und Gesäß zu küssen, gleichgeschlechtliche Beziehungen zu unterhalten und vor allem einen rätselhaften bärtigen Männerkopf – den Baphomet – anzubeten. Und so kam es, dass am Abend des 13. Oktober 1307 15 000 Mann in Ketten lagen.

»Je umfangreicher und tiefer Wir die Sache verfolgten, desto schlimmere Gräuel fanden Wir«, rechtfertigt Philipp sein Handeln vor der Öffentlichkeit. Fast alle Autoren, die über Philipps Motive geschrieben haben, werfen ihm jedoch vor allem zweierlei vor: Neid und Geldgier. Der Festnahme der Templer folgten Verhöre, Geständnisse und Widerrufe; all dies zog sich über Jahre hin. Doch schließlich wurden die Urteile gesprochen und die Angeklagten auf dem Scheiterhaufen verbrannt.

Auch Jakob von Molay entging dem Flammentod nicht, obwohl er sich unter dem Schutz von Papst Klemens V. sicher gewähnt hatte. Ein fataler Irrtum, wie sich bald herausstellte, war dieser doch ebenfalls Drahtzieher der Verfolgung gewesen – ein Papst übrigens, von dessen Mätresse es hieß, sie habe ihn mehr als das Heilige Land gekostet. Es kam, wie es kommen musste: 1312 löste der Papst den Orden wegen Ketzerei, sittlicher Verfehlungen und Verschwendung von Kirchengeldern auf. Jakob von Molay aber wurde am 18. März 1314 auf der Pariser Seine-Insel verbrannt. Auf dem Scheiterhaufen soll der standhafte Großmeister König und Papst prophezeit haben, sie würden binnen Jahresfrist vor Gottes Richterstuhl stehen. Und er behielt Recht: Beide starben schon wenige Monate später.

Eines der Rätsel, das die Templer mit ins Grab nahmen, ist die Tatsache, dass sie sich kampflos in ihr Schicksal fügten. Gehorsam dem Papst gegenüber war jedenfalls nicht der Grund dafür. Hatten nicht schon oft genug Großmeister ihren Päpsten großspurig erklärt, sie seien allein dem eigenem Gewissen, Gott und dem Orden Rechenschaft schuldig? Nun aber ließen sich die Ritter wie Lämmer zur Schlachtbank führen. Dabei hätte es Jakob von Molay – der bereits beim ersten Verhör beteuerte, er sei unwissend und könne weder lesen noch schreiben – bei seinem Einfluss doch ein Leichtes sein müssen, dem Gefängnis zu entrinnen! So unglaublich es klingen mag: Der letzte Großmeister des Ordens saß von 1307 bis 1314 in Untersuchungshaft und wartete sieben Jahre lang geduldig auf seinen Tod, während Papst und König nichts als Verleumdungen gegen ihn in der Hand hatten.

Wie lässt sich dies erklären? Einige Autoren vermuten, es habe von Anfang an eine geheime Kommandoebene gegeben, der die Mönchsritter, vor allem aber die Großmeister, unterworfen waren. Man erinnere sich nur an das Templersiegel, das zwei Ritter auf einem Pferd zeigt. Diese im Verborgenen arbeitende zweite Kommandoebene, die so genannte Prioré de Sion, sei es gewesen, die Jakob von Molay zum Stillhalten angewiesen habe. Wenn es so war, dann ging die Rechnung jedenfalls auf: Der Großmeister starb als Märtyrer.

DAS GEHEIMNIS DES JAKOB VON MOLAY

Jakob von Molay war der 23. und letzte Großmeister eines ruhmvollen Ordens, der den Intrigen Philipps des Schönen zum Opfer fiel. Sein Tod ist untrennbar mit dem Untergang des Ordens verbunden. Dort, wo er am 18. März des Jahres 1314 verbrannte, kündet heute eine Metalltafel von seinem tragischen Schicksal.

Doch was wissen wir wirklich von diesem Mann, der sich selbst als Analphabeten bezeichnete? Warum ertrug er sieben Jahre lang Kerker, Folter und Ungewissheit und beteuerte hartnäckig seine Unschuld, obwohl ihm ein Geständnis im Sinne der Anklage vermutlich das Leben gerettet hätte? Welches Rätsel umgibt Jakob von Molay?

Im Jahre 1293 war Theobald Gaudin, sein Vorgänger, gestorben, ohne in der offiziellen Geschichte des Ordens nennenswerte Spuren zu hinterlassen. Kurz vor seinem Tod – Akko war längst gefallen – hatten die Muslime die letzte Bastion der Templer auf Zypern bestürmt, doch anstatt ihnen die Stirn zu bieten, war er seltsam untätig geblieben. Dann starb Gaudin, und es wurde nach einem Nachfolger gesucht.

Jakob von Molay wurde in der Freigrafschaft Burgund geboren. Noch heute gibt es zwei kleine Ortschaften gleichen Namens im Département Haut-Saône und im Département Doubs. Woher er nun genau stammte, wissen wir nicht, und auch sein Geburtsjahr ist unbekannt. Die Nebel lichten sich jedoch, sobald er in den Orden aufgenommen wurde; das war 1265. Nachdem er sich einige Zeit in England aufgehalten hatte, ging er 1275 in den Orient, wo der Niedergang der Templer bereits begonnen hatte.

Zum Großmeister wurde Molay auf Zypern gewählt, allerdings vermutlich nicht ganz regulär: Ränke und Intrigen scheinen mit im Spiel gewesen zu sein. Sein Mitbewerber war Hugo Perraud oder Pairaud, Visiteur von Frankreich und im Gegensatz zu Molay bei seinen Mitbrüdern anerkannt und beliebt. Bestimmte, nicht zu identifizierende Kreise schienen jedoch ein Interesse daran zu haben, dass ausgerechnet Jakob von Molay an die Spitze des Ordens kam. Über ihre Motive kann man wieder einmal nur spekulieren. Stellte Molay im Hinblick auf das drohende Ende der Templer die bessere Wahl dar? War er, dem man Starrsinn vorwarf, dennoch auf eine bestimmte Weise manipulierbar? Interessanterweise verliert sich die Spur seines Konkurrenten Hugo Pairaud nach dem Prozess. Man nimmt an, dass er im Kerker verstarb.

Nach seiner Wahl zum Großmeister bereiste Jakob von Molay Europa und machte dabei in Süditalien, Venedig, Frankreich und England Station. Obwohl er dem Orden 25 Jahre lang vorstand, erwies er sich militärisch als Versager – bei seinen Ausfällen gegen die Sarazenen fanden viele Tempelritter den Tod. Es folgte Molays Versuch, einen neuen Kreuzzug mit dem Ziel Ägypten anzuzetteln und damit militärischen Lösungen treu zu bleiben, die sich längst überlebt hatten. Eine gewaltige Flotte wäre dafür vonnöten gewesen, die jedoch niemand mehr ausheben wollte. Viele Nachgeborene warfen den Templern Verbohrtheit vor und kritisierten, dass sie lieber hätten versuchen sollen, ihre Stellung auf Zypern zu festigen. Dies wäre nach Ansicht der Historiker in den Jahren 1302 bis 1306 durchaus noch möglich gewesen.

Doch noch immer ging es um den neuen Kreuzzug. Papst Klemens V. bestellte im Juni 1306 die Großmeister der beiden Ritterorden – Hospitaliter und Templer – zu sich ins Poitou. Molay folgte dem Ruf des Papstes zur gemeinsamen Beratung und traf Ende 1306/Anfang 1307 in Frankreich ein. Zu diesem Zeitpunkt waren die Beziehungen zwischen seinem Orden und der französischen Monarchie bereits getrübt – was nichts Außergewöhnliches war, denn derlei Spannungen gab es nicht erst seit Molays Amtsantritt.

Der Großmeister benahm sich bei der Unterredung mit dem Papst und dem französischen König äußerst ungeschickt. Philipp dem Schönen warf er hitzig vor, sich mit fragwürdigen Mitteln 400 000 Gulden aus dem Ordensvermögen angeeignet zu haben. Das Geld war dem König vom Schatzmeister geliehen worden, jedoch ohne zuvor die Erlaubnis des Großmeisters einzuholen. Und auch mit dem Papst legte er sich an, ohne die Folgen zu bedenken.

Molays Verhalten wirft ein bezeichnendes Licht auf seine Persönlichkeit und lässt zu Recht vermuten, er sei von Natur aus borniert, uneinsichtig und geizig gewesen – was nicht sonderlich verwundert, denn Hochmut und Arroganz lagen laut zeitgenössischen Berichten offenbar den meisten Großmeistern der Templer im Blut. Sicherlich ist in seinem hochmütigen Verhalten – wie unbotmäßig es auch sein mochte – jedoch nicht der Auslöser für die finsteren Absichten von König und Papst zu suchen: Philipp zumindest hatte seine Pläne zur Vernichtung des Ordens zu diesem Zeitpunkt längst geschmiedet.

Im Juni 1307, kurz vor dem Ende, diskutierte Jakob von Molay in Paris mit einigen ausgewählten Brüdern über die Vergehen, die den Templern seit mindestens 1305 vorgeworfen wurden: Ketzerei, Sodomie und Götzenkult. Urheber dieser Anschuldigungen war ein gewisser Esquieu de Floyran gewesen, Prior von Montfaucon und zudem Ex-Templer. Er hatte zunächst König Jakob II. von Aragon in einem Brief über seine Erkenntnisse hinsichtlich der Templer informiert; doch die Mission schlug fehl: Der Monarch schenkte ihm keinen Glauben.

Nach allem, was wir heute wissen, saßen die Templer nicht nur auf der französischen Seite des Pyrenäenkamms, sondern auch auf der spanischen.

Möglicherweise wollte sich der spanische König zunächst gut mit ihnen stellen und sie decken. Einiges spricht jedenfalls dafür, dass er den Großmeister in Zypern über die Denunziation informierte – was ihn allerdings später, als den Templern der Prozess gemacht wurde, nicht davon abhielt, die Gunst der Stunde zu nutzen und sich der Templerburgen in seinem Reich zu bemächtigen.

Nachdem also die Spanier nicht angebissen hatten, wandte sich Esquieu de Floyran an Philipp den Schönen: »Damit Euer Majestät klar sei, dass ich der Mann bin, der dem Herrn König von Frankreich die Tatsachen betreffend der Templer enthüllt hat.«[6] Obwohl das nach Wichtigtuerei klang, kam es dem König nicht ungelegen – er wartete ja nur auf einen geeigneten Zeitpunkt, um es dem verhassten Orden heimzahlen zu können.

Dieser schien nun gekommen zu sein, und die französische Krone eröffnete das Verfahren gegen die Templer. Hauptankläger und oberster Rat des Königs war Wilhelm von Nogaret: Er führte die Ermittlungen und verbiss sich regelrecht in den Fall. Er rekrutierte Belastungszeugen unter ehemaligen Templern und hatte sogar Spione in den Orden eingeschleust, um Informationen zu sammeln. Bizarrerweise wusste Jakob von Molay durch Templer aus dem Umfeld des Papstes über all diese Vorgänge Bescheid und schwieg lange Zeit dazu – bis er selbst auf den Papst zuging und ihn aufforderte, eine Untersuchung gegen den Orden einzuleiten, um ihn von all den schändlichen Anschuldigungen reinzuwaschen.

Am 24. August 1307 teilte Papst Klemens denn auch dem König von Frankreich mit, dass er ein solches Verfahren anordne. Das wiederum dürfte Philipp nicht gefallen haben. Er musste fürchten, dass sich die Untersuchung in die Länge ziehen und vielleicht sogar mit einem Freispruch enden könnte. Also befahl er seinen Schergen, die kirchliche Gerichtsbarkeit zu übergehen und die Sache selbst in die Hand zu nehmen. Das geschah im Morgengrauen des 13. Oktober 1307, als allein in Paris 138 Templer festgenommen wurden.

Viele andere konnten sich durch Flucht der Razzia entziehen. Sicher hätte auch Jakob von Molay diese Möglichkeit offen gestanden – allein, er tat es nicht. Glaubte er vielleicht an ein faires Verfahren? Kurz nach der Verhaftung wies er jedenfalls die gefangen gesetzten Templer an, zu gestehen. Auch er selbst gab die absurdesten Anschuldigungen, die gegen ihn erhoben wurden, öffentlich zu, ohne vorher gefoltert worden zu sein. (Es sollte ihm nichts nützen. Auch Molay entging letztlich nicht der Brutalität der Folter.)

Der Templer Bernard du Gué berichtete später, er sei so stark gefoltert worden, dass Fleisch und Knochen seiner Fersen abfielen. In diesem Schmerz hätte er selbst gestanden, »Gott getötet zu haben«. Einige Inhaftierte wiederum bekannten, von Jakob von Molay missbraucht worden zu sein. Doch nicht alle Brüder kamen der Aufforderung ihres Großmeisters nach: Sie bestätigten nicht wie andere, dass sie bei ihrer Aufnahme in den Orden auf das Kreuz hatten spucken müssen, und bekannten sich auch sonst keines der ihnen zur Last gelegten Vergehen für schuldig.

Welche Gründe aber mögen Jakob von Molay dazu bewogen haben, sein Geständnis plötzlich zu widerrufen und von da an bis zu seinem Tode konsequent alles abzustreiten, wessen man ihn bezichtigt hatte? Es ist davon auszugehen, dass er nicht hingerichtet, sondern zu lebenslanger Haft verurteilt worden wäre, wenn er bei seinen früheren Aussagen geblieben wäre. Seinen Anklägern beschied er, fortan nur noch im Angesicht des Papstes zu sprechen – und da dieser ihm diese Gnade nicht erwies, blieb der Großmeister bis zu dem Tag, an dem er hingerichtet wurde, stumm.

War Molay also am Ende nichts weiter als ein weltfremder Dummkopf? Hatte er denn nicht begriffen, dass es der Papst niemals auf eine Machtprobe mit dem König von Frankreich ankommen lassen würde? Oder aber war er nicht halb so töricht, wie es den Anschein hatte, sondern verfolgte eine bestimmte, ganz andere Strategie? Spielte er gar in einem Spiel mit, dessen Fäden im Hintergrund von mächtigeren Autoritäten, als es Papst und König waren, gezogen wurden?

Jakob von Molays Entschluss, zu widerrufen, öffnet erneut gewagten Spekulationen Tür und Tor. Und auch die offensichtlichen Ungereimtheiten und Widrigkeiten, die die Untersuchungen begleiteten, nahmen nicht ab. Nicht genug damit, dass auch ordensexterne Zeugen wie der Dominikaner Pierre de Palud aus Lyon den Orden verteidigten und in manchen Gegenden Europas von den Templern verbissen Widerstand geleistet wurde, so etwa in La Rochelle – die Ankläger selbst verwickelten sich in nicht unerhebliche Widersprüche und warfen sich gegenseitig Knüppel zwischen die Beine.

Die Motive des französischen Königs lagen indes auf der Hand: Er wollte vor allem die Beschlagnahmung der gesamten Besitztümer des Templerordens durchsetzen. Philipp war schließlich bei den Mönchsrittern hoch verschuldet und konnte sich so mit einem Schlag aller Sorgen entledigen. Und es wäre ja nicht das erste Mal, dass er damit Erfolg hätte, denn in solchen Dingen verfügte der König bereits über einige Erfahrung: 1291 hatte er auf diese Art und Weise die lombardischen Bankiers aufs Korn genommen und 1306 die Juden. Der fromme Eifer, den er nun ostentativ gegen die »Ketzer« an den Tag legte, täuscht zumindest aus heutiger Sicht nicht über seine wahren Ziele hinweg.

Alles nur Lug und Trug: Belegte Zeugnisse aus seiner Regierungszeit bestätigen nämlich, dass der König zu einigem fähig war, wenn er in die Enge getrieben oder in seinem Stolz verletzt wurde – oder aber wenn er einfach nur den Wunsch verspürte, sich des Besitzes eines anderen zu bemächtigen. Jakob von Molay konnte sich also ausmalen, wie der König mit ihm verfahren würde, sobald Papst Klemens seine schützende Hand von ihm zurückgezogen hatte. So sind sich denn auch die meisten Autoren darin einig, dass die Templer vernichtet wurden, weil Philipp der Schöne es so wollte – und nicht, weil die Anschuldigungen, die man gegen sie vorbrachte, wahr waren.

Nach wie vor hatte der Papst den Orden noch nicht aufgelöst, obwohl er von verschiedenen Seiten dazu gedrängt worden war. Dies tat er erst – mehr oder weniger freiwillig – am 22. März 1312. Bekannt wurde auch, dass Klemens nun endlich Jakob von Molay die so lange vergeblich ersehnte Gelegenheit geben wolle, ihm allein Rede und Antwort zu stehen. Allerdings kam es dann doch nicht dazu: Ein solches Gespräch zwischen Großmeister und Papst, das manches Rätsel hätte klären können, fand nie statt. Das Oberhaupt der katholischen Kirche hielt nicht Wort, sondern benannte fast genau dieselbe Delegation als Stellvertreter, der sich Molay bislang so hartnäckig verweigert hatte.

Eine Figur, die nicht weniger schillerte als der Großmeister, war in diesem mysteriösen Spiel also auch Papst Klemens V. Warum zögerte er bis 1312 die Ordensauflösung hinaus? Warum erfolgte sie dann ohne eine gleichzeitige Verurteilung der Templer? War er etwa von ihrer Unschuld überzeugt? Dann jedoch hätte er alles tun müssen, um den Mönchssoldaten einen fairen Prozess zu ermöglichen. Und warum besuchte er Jakob von Molay nicht, der nur mit ihm sprechen wollte? Eine solche Unterredung hätte schließlich Licht ins Dunkel bringen und den Untersuchungen eine völlig neue Richtung geben können. Und sie hätte dem Großmeister das Leben gerettet.

Da dies allerdings nicht im Sinne des Königs sein konnte, stellt sich die Frage, ob dieser Klemens unter Druck setzte oder auf andere Weise davon abbrachte, Molay aufzusuchen. Doch es wäre ein riskantes Unterfangen selbst für den König gewesen, sich gegen den Papst zu stellen – schließlich war Philipp alles andere als beliebt in seinem eigenen Reich und hatte sich, wie erwähnt, schon einmal in Paris vor seinen aufgebrachten Untertanen zu den Templern flüchten müssen.

Wir wissen zu wenig über die Ereignisse in jenen Jahren, um zu einem abschließenden Ergebnis kommen zu können. Am Ende spielte vielleicht doch Molay selbst die Schlüsselrolle. Hatte er vielleicht von Anfang an gewusst, dass der Papst ihn niemals aufsuchen würde? Das würde bedeuten, dass er sich sehr früh über die Unausweichlichkeit seines Todes im Klaren gewesen sein muss. Dazu wiederum würden jene zeitgenössischen Gerüchte passen, die wissen wollten, dass Molay seinen eigenen Neffen, den Grafen von Beaujeu, schon vor seiner Verhaftung zu seinem Nachfolger nach seinem eigenen Tode bestimmt hatte.

Bemerkenswert ist in diesem Zusammenhang eine Geschichte darüber, wie der Graf von Beaujeu als neuer Großmeister initiiert wurde. Gewisse Quellen berichten, dass Molay mit ihm in die Gruft der Großmeister hinabstieg, um von dort aus den Tiefen der Erde einen dreieckigen Kristall zu holen. Das erinnert an Hiram, den Baumeister des salomonischen Tempels, und stellt eine freimaurerische Einweihungszeremonie dar. In dem Kristall wurde angeblich ein Knochen von der rechten Hand Johannes des Täufers aufbewahrt, den der Orden einst von König Balduin in Jerusalem geschenkt bekommen hatte.

Molay ließ den Grafen bei diesem Kristall schwören, dass er den Orden nach seinem Tod erneuern würde. Zuletzt übergab Molay seinem Neffen drei Schlüssel. Damit solle dieser nach seinem, Molays, Tod ein Behältnis öffnen, das im Grab von Theobald Gaudin, seinem Vorgänger, verborgen sei. Und wirklich: Nachdem Jakob von Molay verbrannt worden war, besuchte der Graf von Beaujeu zusammen mit neun (!) Templern tatsächlich das Grab von Theobald Gaudin. Dort, so heißt es, hätten sie in dem von Molay bezeichneten Behältnis einen Schatz entdeckt, der nicht materieller Natur gewesen sei. Diese Kostbarkeit habe Beaujeu an einen sicheren Ort verbracht: vielleicht nach Zypern, vielleicht auch in die Templerburg zu Gisors oder an eine andere Stelle irgendwo in Frankreich.

War also all dies – den eigenen Tod eingeschlossen – vom letzten Großmeister von langer Hand geplant worden? Dann hätte er seine Hinrichtung mit widersprüchlichen Erklärungen bewusst so lange hinausgezögert, bis die Zeit reif war für eine neue Saat und der Templerorden mit seinen geheimen Lehren an anderer Stelle durch einen neuen Bund wieder auferstehen konnte. Aber auch dies bleibt wie so vieles reine Vermutung, nahm Jakob von Molay doch alle Geheimnisse mit ins Grab.

Fest steht nur, dass er, indem er den Flammentod litt, als Märtyrer starb. Damit setzte er ein Zeichen, das bis heute nachwirkt. Ein Ausspruch von ihm, der vom Anfang seines Großmeisteramts überliefert ist, vermag am besten die Haltung dieses rätselhaften Bewahrers seines Ordens zu kennzeichnen: »Denn man führt nie oder selten etwas Neues ein, ohne große Gefahren heraufzubeschwören«.[7]

SCHATZSUCHE UND KEIN ENDE

Im September 1998 stießen Mitglieder der Gesellschaft »Hugo de Payens« zusammen mit Archäologen bei Grabungen in der ehemaligen Templerkapelle der heiligen Maria Magdalena im französischen Payns bei Troyes unverhofft auf einen mittelalterlichen Münzschatz. Insgesamt gab der sandige Boden 650 Gold- und Silbermünzen frei, die allesamt aus den letzten Tagen des Mönchsritterordens stammen.

So viel Schatzsucherglück war einst nicht einmal Philipp dem Schönen, König von Frankreich, beschieden gewesen, der in seiner Gier alle Niederlassungen des von ihm ausgelöschten Ordens in Frankreich durchsuchen ließ. Schon kurz nach der Inhaftierung der Templer lag er dem Papst mit seinen Klagen im Ohr, es habe sich wider Erwarten nur wenig Gold und Geld im Pariser *Temple*, dem Hauptsitz des Ordens, gefunden. Selbst von seinen eigenen Bareinlagen würden 120 000 Pfund fehlen.

So ist es bis heute geblieben: Die spurlos verschwundenen Reichtümer des Tempels beschäftigen noch immer die Fantasie von Glücksrittern und Historikern. Niemand wusste oder weiß etwas über ihren Verbleib zu berichten – ja, im Grunde ist nicht einmal sicher, ob es einen wie auch immer gearteten Schatz tatsächlich gegeben hat. Doch das tut der Faszination keinen Abbruch, sondern scheint den Reiz nur noch zu verstärken.

Da man über keinerlei Anhaltspunkte verfügt, kann sich der sagenhafte Schatz praktisch überall verbergen: Jede ehemalige Komturei kommt dafür infrage. Mittels Wünschelruten, Pendeln oder genauestem Quellenstudium versuchten denn auch zahllose Schatzsucher in den vergangenen Jahrhunderten ihr Glück, ohne jemals fündig geworden zu sein. Ist also alles nur eine gigantische Finte der Templer, eine falsche Fährte, auf die sie die Nachwelt lockten?

Dokumente aus den geheimen Archiven des Vatikans stützen die alte Legende, dass der Schatz in der Nacht vor den Verhaftungen auf drei mit Stroh bedeckten Karren aus dem Pariser Tempelbezirk fortgeschafft worden sei. Unter den Aussagen von 72 Templern, die in Poitiers von Klemens V. persönlich und seinen Kardinälen befragt wurden, finde sich auch die eines Verhörten, so heißt es, der dem Papst verriet, was er den Folterknechten des Königs verschwiegen hatte. Er wolle mit eigenen Augen gesehen haben, wie am 12. Oktober 1307 besagte Wagen den Pariser Tempel verlassen hätten. Sie hätten den Weg Richtung Meer eingeschlagen, vermutlich nach La Rochelle, von wo aus ihre Fracht – auf 18 Schiffe verladen – das Land mit unbekanntem Ziel verließ.

Doch erscheint es nicht absurd, dass der Inhalt von drei Karren auf 18 Schiffe verteilt werden sollte? Einige Forscher vermuten daher, die »drei Wagen« seien nicht wörtlich zu verstehen. Vermutlich verberge sich dahinter ein geheimer Hinweis auf den Ort, an dem die letzten Templer ihren Schatz versteckt hatten – nämlich Gisors, 60 Kilometer nordwestlich von Paris, das man auch die »Burg der drei Wagen« nannte. Damit das Wissen über den Verbleib des Schatzes nach ihrem Tod nicht verloren gehen konnte, hätten die inhaftierten Ritter den Namen des Ortes verschlüsselt. Wenn dann doch ein Bruder unter der Folter ausplauderte, dass sich das

Gold »in drei Wagen« befinde, würde niemand etwas mit dieser Information anfangen können – es sei denn, es handelte sich um einen Eingeweihten.

Mit Fug und Recht könnte man all dies für ein Ammenmärchen halten – wäre da nicht die Geschichte von Roger Lhomoys. Gehen wir zurück ins Jahr 1946. Gisors war zum damaligen Zeitpunkt ein verschlafenes kleines Nest, das seit der großen Zeit des Templerordens längst wieder in die Bedeutungslosigkeit zurückgefallen war. Doch das, was der Gärtner und Fremdenführer Roger Lhomoy eines Tages mitzuteilen hatte, rüttelte den kleinen Ort plötzlich aus seinem Dornröschenschlaf auf. Lhomoy behauptete nämlich, er sei bei geheimen Grabungen unter dem Burgturm auf eine Kapelle gestoßen, in der er 30 Truhen aus kostbarem Metall entdeckt habe. In der Kapelle – die offenbar der heiligen Katharina geweiht war – sei er auch auf die Sarkophage von 19 verstorbenen Würdenträgern des Templerordens gestoßen.

Zwei Jahre lang hatten die geheimen Grabungen von Roger Lhomoy angedauert; dann meldete er den sensationellen Fund dem Bürgermeister des Ortes, der offenbar nichts Eiligeres zu tun hatte, als den Schacht wieder zuschütten zu lassen – angeblich aus Furcht, jemand könne hineinfallen. Außerdem glaubte er nicht an die ominösen 30 Schatztruhen. Da sich der Fremdenführer daraufhin an die Presse wandte, entließ er ihn. Roger Lhomoy wurde auch von seiner Frau verlassen, weil sie ihn für verrückt hielt. Aber er blieb bis zu seinem Tode fest bei seiner Geschichte, 30 Schatztruhen in einer geheimen Kapelle unter Gisors entdeckt zu haben.

Erst 1964 reagierte die französische Regierung: Der damalige Kultusminister, André Malraux, ließ das gesamte Burggelände zum Sperrgebiet erklären, damit Pioniere der Armee Ausgrabungen vornehmen konnten. Auf Drängen der Öffentlichkeit und nach langem Schweigen gab der Minister endlich zu, dass man tatsächlich nach einem Schatz suchte. Ob die

DIE DRACHENHÖHLE VON MALLORCA

Bewahrt die berühmteste Urlaubsinsel der Deutschen ein jahrhundertealtes Templergeheimnis? Zumindest wurde hier vor mehr als 600 Jahren schon einmal nach einem Schatz der Mönchsritter gesucht: Im Jahre 1339 drang nämlich eine kleine Gruppe von Männern in die Höhlenwelt der Insel vor. Ihr Ziel war Coves del Drac, die Drachenhöhle in der Nähe von Manacor – heute eine Touristenattraktion ersten Ranges.

Damals jedoch war die Höhle noch unerschlossen und deshalb nicht ganz ungefährlich für die Männer. Auch brachte der mittelalterliche Aberglaube Höhlen stets mit dem Reich des Teufels in Verbindung, in dem schreckliche Kreaturen hausten. Die Tropfsteine und der unterirdische See in der Drachenhöhle, deren Entstehung man sich damals noch nicht zu erklären wusste, müssen wie die Ausgeburten der Hölle gewirkt haben. Doch die Gier der Männer war größer als ihre Furcht.

Das Unternehmen selbst ist aktenkundig: Und so wissen wir, dass man hoffte, die Schätze der Templer von Mallorca, die sie bei der Flucht von der Insel nicht mitnehmen konnten, aufzuspüren. War die abgrundtiefe Drachenhöhle nicht geradezu prädestiniert als ideales Versteck, zumal sie fernab der Templerbesitzungen lag? Wer würde hier schon nach Reichtümern suchen? Der Anführer der entschlossenen Expedition hieß Bernat Gartell, der, wenn nötig, für den Schatz sein Leben aufs Spiel zu setzen bereit war. Von allen möglichen Orten auf Mallorca kam für ihn offenbar nur dieser in Frage.

Über den Erfolg der Unternehmung schweigen sich indes die Quellen aus. Kein Sterbenswort wird uns darüber berichtet. Und so wird man davon ausgehen müssen, dass auch diesem Versuch, die sagenhaften Reichtümer der Tempelherren zu heben, wie so vielen anderen kein Erfolg beschieden war.

Armee etwas fand, ist bis auf den heutigen Tag nicht bekannt. Alle Nachfragen wurden abgewehrt, die einschlägigen Dokumente verschwanden auf unerklärliche Weise aus den Bibliotheken und Archiven, und aus manchen Büchern wurden sogar genau die Seiten entfernt, die sich mit diesem Thema beschäftigen.

Doch fehlendes Wissen wird gern durch wilde Spekulationen und faszinierende Geschichten kompensiert. Und so hält sich bis auf den heutigen Tag hartnäckig das Gerücht, dass der Schatz niemals nach Gisors gelangte, sondern anderswo zu finden sein muss. Vielleicht hatte der geständige Verhörte ja doch die Wahrheit gesprochen und die Kostbarkeiten waren im Oktober 1307 von La Rochelle aus verschifft worden – zumal auch die Schiffe der Templer seit jenem Tag nie mehr gesichtet wurden. Gerüchte darüber, dass man die Schätze nach Schottland geschafft hatte, wurden laut. Einige Autoren vermuteten sie gar in der Kapelle von Rosslyn im Norden Englands, eingemauert in einer geheimen Krypta. Doch ebenso viel spricht auch für jeden anderen Ort: Wie gesagt, wir besitzen keine gesicherten, eindeutigen Anhaltspunkte, und so könnte der Templerschatz überall auf seine Finder warten ...

Arginy nördlich von Lyon bei Belleville gehört ebenfalls zu den »üblichen Verdächtigen«, was das Versteck angeht. Der Name dieser Ortschaft soll sich vom griechischen *arguros* ableiten, was »Silber« oder »Geld« bedeutet. Nomen est omen, dachten und denken noch immer viele Schatzsucher – hier muss es einfach etwas zu finden geben! Auch die zweite etymologische Deutung des Ortsnamens untermauert diese Vermutung: Arginy stamme von

Argine, der Dame von Trèfle ab, die die Hüterin eines rätselhaften Schatzes gewesen sei. 1952 wurde hier übrigens die berühmte Sonnentemplersekte gegründet, der auch Gracia Patricia von Monaco angehörte. Ob die Sonnentempler ebenfalls nach Gold und Geld suchten?

Kein Wunder, dass der Boden von Arginy durchwühlt wurde wie nirgends sonst, doch abermals ohne Erfolg. Und dabei sprächen nicht nur bloße Namensherleitungen, sondern auch einige handfeste Tatsachen für diesen Ort! Denn die Familie Beaujeu, der das örtliche Schloss im Mittelalter gehörte, fühlte sich dem Templerorden eng verbunden. Zudem schrieb einer ihrer Abkömmlinge, Renaud de Beaujeu, im 13. Jahrhundert den Roman *Der schöne Unbekannte*, der sich an die Artussage und die Ritter der Tafelrunde anlehnt. Den Beaujeus wird auch nachgesagt, sie hätten sich für kurze Zeit im Besitz des heiligen Grals befunden – allerdings habe diesen ein gewisser Milon d'Anse unrechtmäßig an sich genommen und später in die Saône geworfen.

Am bemerkenswertesten erscheint jedoch der Umstand, dass der Neffe Jakobs von Molay, den er zu seinem Nachfolger bestimmte, der Graf von Beaujeu, ebenjener Familie entsprang – Grundlage genug für das hartnäckig sich haltende Gerücht, dass sowohl der Schatz der Templer als auch ihr häretisches Geheimnis beim Geschlecht derer von Beaujeu auf Schloss Arginy eine neue Heimstatt gefunden hätten.

Faszination löst auch nach wie vor jener alte runde Wehrturm aus, auf den sich die Nachforschungen der Schatzsucher in den letzten zwei Jahrhunderten konzentrierten: der »Turm der acht Glückseligkeiten«, so geheißen wegen seiner acht Fenster im obersten Stockwerk. Viele sehen in ihm ein alchemistisches Bauwerk, dessen Geheimnisse nach wie vor ihrer Entschlüsselung harren. Bei Grabungen unterhalb des Bauwerks stieß man auf unterirdische Räume, ähnlich wie angeblich in Gisors. Man will auch Hinweise auf große Truhen entdeckt haben, fand diese selbst jedoch nicht.

Am Ende bleibt das Geheimnis um die Schätze der Templer also das, was es immer war: ein Geheimnis. Wer nun aber enttäuscht ist, darf eines nicht vergessen – der Zauber bleibt stets nur so lange erhalten, wie die Dinge als Rätsel erscheinen. Und zuweilen mag das auch ganz gut so sein ...

FRÜHE LEHRMEISTER DER FREIMAURER?

Nicht alle Tempelherren endeten auf dem Scheiterhaufen: Es wurden auch einige Templer freigesprochen, da das Gericht ihre Unschuld als erwiesen ansah. Diesen Mönchsrittern gestattete man, sich in ein Templerhaus oder ein Kloster ihrer Wahl zu begeben.

Die Mehrzahl jener, die der Verfolgung entkommen waren, tauchte ebenfalls in Klöstern unter oder bei befreundeten Landesfürsten. Sie versuchten, in Vergessenheit zu geraten, um unbehelligt weiterleben zu können. Auch viele französische Templer hatten sich der Verhaftung rechtzeitig entziehen können und waren auf geheimen Wegen über Spanien nach Portugal zu ihren Ordensbrüdern gelangt. Dort wurden sie von den ihnen angelasteten Vorwürfen freigesprochen und blieben am Leben.

Es verwundert also nicht, dass sie weiterhin in diesem gastfreundlichen Land blieben, um die versprengten Reste ihres Ordens zu sammeln und sich neu zu formieren. 1318 benannten sich die portugiesischen Tempelritter um: Aus ihnen entstand der Christusorden, dem Papst Johannes XXII. wenig später seinen Segen gab. Großmeister dieses neuen alten Ordens waren unter anderem zwei berühmte Entdecker: Heinrich der Seefahrer und Vasco da Gama.

Auch auf der schottischen Insel Mull sollen nach Meinung einiger Forscher geflohene Tempelherren Zuflucht gefunden und den Orden neu gegründet haben. Dabei standen sie unter dem Schutz der Bauhütten – Handwerkerzünfte, die sie einstmals für die Errichtung der großen gotischen Dome verpflichtet hatten. Diese Zünfte – darunter beispielsweise die »Kinder von Meister Jakob« – seien die Vorläufer der Freimaurerlogen gewesen und hätten das Wissen um die geheimen, nichtchristlichen Lehren der Templer geerbt. Ob es sich wirklich so verhält, ist nicht mit letzter Sicherheit zu beantworten. Unstreitig ist jedoch, dass bestimmte geistige Inhalte, die man mit den Templern in Verbindung bringt, sich zunächst bei den Rosenkreuzern wieder finden, welche ja wiederum die Freimaurer stark beeinflussten.

Auch später gab es immer wieder Versuche, den Templerorden neu zu beleben. So schuf Mitte des 18. Jahrhunderts der deutsche Baron von Hund, der fest daran glaubte, dass der Orden in Mull überlebt hatte, das freimaurerische System der »Strikten Observanz«. Es basierte auf den Idealen des historischen Templerordens. Schon 1792 kam das Ende für diese Neo-Templer, die der Freimaurerei eine Zeit lang einen romantisch-ritterlichen Anstrich verliehen hatten.

1769 wurden in Boston schließlich die Knights Templar gegründet. Sie traten erstmals 1785 in Bristol öffentlich in Erscheinung, und zwar mit einem »großen Feldlager« am Tage von Johannes dem Evangelisten. Damals zogen die Knights Templar in prächtiger Uniform und mit militärischem Drill durch die Straßen der Stadt. Dieser Orden besteht heute noch; wer in ihn aufgenommen werden will, muss zunächst eine Prüfungszeit bestehen. Anschließend geht er symbolisch auf »Kreuzfahrt« und wird, wenn er diese zu einem erfolgreichen Ende bringt, zum Ritter geschlagen. Riten und Zeremonien dieses

Ordens lehnen sich eng an die Traditionen der Templer an.

Der bis heute berühmteste Geheimorden in der Nachfolge der Templer wurde 1896 von dem Wiener Fabrikanten Carl Keller gegründet, trat aber erst 1904 ins Licht der Öffentlichkeit. Keller war auf einer Indienreise in tantrische Yogapraktiken eingeweiht worden. Im Ordo Templi Orientis (O.T.O.) wollte er das okkulte Wissen der Rosenkreuzer, der Theosophen und der mittelalterlichen Templer weiter pflegen. Zu den prominentesten Vertretern von O.T.O. zählen der Anthroposoph Rudolf Steiner und der englische Okkultist Aleister Crowley, der im Jahre 1922 zum Leiter des Gesamtordens avancierte.

Was die immer wieder beschworene Verbindung zwischen Templern und Freimaurern angeht, so ist diese nicht schlüssig nachzuweisen, es fallen aber immerhin merkwürdige Parallelen auf. Angeblich entstanden die Freimaurer erst 1717 in London durch den Zusammenschluss von vier Logen. Wie aber ist dann jenes Grab zu erklären, das israelische Archäologen 1991 auf dem alten Friedhof der 1218 erbauten Templerfestung Athlit im Heiligen fanden und auf dem Winkelmaß und Lot – beides wichtige Symbole der Freimaurerei – dargestellt waren? Ein weiteres Grab zeigte ein Kreuz, Winkelmaß und Hammer. Diese beiden Gräber dürfen zweifelsfrei als frühester Beweis für Freimaurersymbole auf Templergrabsteinen gelten. Ähnliche Grabsteine tauchten in Reims auf – sie konnten auf das Jahr 1263 datiert werden – und im ehemaligen Templerordenshaus Bure-les-Templiers 70 Kilometer nördlich von Dijon (dieser Grabstein ist noch heute in der örtlichen Kirche zu bewundern).

All diese Gräber machen deutlich, dass es eine sehr frühe Verbindung zwischen den Templern und der Freimaurerei gegeben haben könnte. Allerdings sollte man dabei die intensiven Beziehungen zwischen den Bauhütten des Mittelalters und dem Orden nicht außer Acht lassen: Alles spricht dafür, dass diese sehr alten Baubruderschaften das esoterische Geheimwissen, Symbole, Überlieferungen und Einweihungsriten auf die späteren Freimaurer übertrugen und also so etwas wie deren Vorläufer waren: Denn Winkelmaß, Zirkel, Hammer, Waage, das salomonische Pendel sowie die Übergabe der Handschuhe gehörten zum Symbolinventar der Bauhütten wie auch der Freimaurer.

GEHEIME ERKENNUNGSZEICHEN

Das Geheimnis vieler Geheimbünde, zu denen ja auch der Templerorden gezählt wird, besteht in einem esoterischen Wissen, das im Wesentlichen durch Symbole und Rituale verschlüsselt wird. Leider haben wir in den letzten 2000 Jahren weit gehend verlernt, dass Symbole Realität vermitteln und dass es folglich eine Wahrheit gibt, die sich nur im Märchen, im Mythos, in Parabeln, Symbolen, Bildern, Ritualen oder Traumbotschaften ausdrücken lässt.

Die Prämisse, dass Symbole und Rituale einen tiefen Wahrheitsgehalt besitzen, ist zentraler Kern aller esoterischen Geheimbünde. Ihnen zufolge liegt die Wahrheit nicht in festgelegten Positionen, sondern in der Suche selbst. Häufig findet diese stete Suche in den immer wiederkehrenden Wanderungen, den so genannten »mystischen Reisen«, ihren Niederschlag.

Das jeweilige Symbol – das sich in einem Satz, in einem Wort oder auch in einer Geste äußern kann – steht dem Ritual sehr nahe. Kleidungsstücke, Farben oder Gegenstände sind Träger von Sinninhalten, werden jedoch in ihrer Bedeutung von Geheimbund zu Geheimbund unterschiedlich gewertet. Diese Symbole gelten folglich nur innerhalb des jeweiligen Systems, sodass etwa ein Dreieck für einen Freimaurer etwas anderes repräsentiert als für einen Rosenkreuzer. Und doch werden sowohl Freimaurer als auch Rosenkreuzer ihm, sobald sie einen bestimmten Grad der Einweihung erreicht haben, den gleichen Wert hinsichtlich seines initiatorischen Inhalts beimessen.

So ist es auch mit dem Ritual. Das ernst genommene Ritual beansprucht den ganzen Menschen und geht über das präzise Befolgen von »Spielregeln« weit hinaus. Es ist vielmehr eine heilige Handlung, die nur derjenige ganz und gar begreift, der sie auch innerlich nachvollzieht. Insofern kann auch das Ritual nicht an Unwissende »verraten« werden: Denn – um einen modernen Vergleich zu bemühen – die Kenntnis von Fahrplänen allein setzt noch keinen Zug in Bewegung.

An dieser Stelle müssen wir noch einmal zu den vermeintlichen Templern von Schottland zurückkehren. Ganz so spekulativ, wie die Theorie von der Flucht auf die grüne Insel gern dargestellt wird, scheint sie nämlich doch nicht zu sein – zumindest nicht, wenn man bestimmte Indizien berücksichtigt. Denn auf den Friedhöfen entlang der schottischen Küste finden sich zahlreiche alte Grabplatten, die Symbole des ehemaligen Ordens tragen. Ein weiterer Hinweis auf das Überleben der Templergeheimnisse in der schottischen Freimaurerei ist auch der 30.

Grad des Alten und Angenommenen Schottischen Ritus. Die Repräsentanten dieses 30. Grades heißen »Ritter Kadosch« nach dem hebräischen Wort für

Ein unterirdischer Tempel

Dunkle Räume im Schoß der Erde gehören seit Urzeiten zu den bevorzugten Stätten für kultische Handlungen und religiöse Riten. Darum liegt die Vermutung nahe, dass auch die Templer in unterirdischen Höhlen okkulte Zeremonien abgehalten haben könnten. Dennoch tat man solche unter der Erdoberfläche verborgenen Tempel lange Zeit als Hirngespinste ab – bis man schließlich einen davon in der Normandie entdeckte.

Diese geradezu atemberaubend schöne unterirdische Kirche des Templerordens ist der Bove des Chevaliers im Orne-Tal in der Normandie, genauer gesagt im Wald von Jaunière, etwa 40 Kilometer südlich von Lisieux. Schon die uralten Ortsnamen aus der näheren Umgebung lassen aufhorchen: Da ist etwa die Prévotière de la Babylone (»Propstei von Babylon«), die man durch die Porte-Lancière (»Stechginstertür« oder auch »Lanzenträger«) erreicht, vorbei am Croix-Rouge (»Rotes Kreuz«), den Rouges-Terres (»Rotes Land«), der Nouveau-Monde (»Neue Welt«) und schließlich über den Pont de Vie (»Brücke des Lebens«). Die rote Farbe ist übrigens eine Erinnerung an den Namen, den man den Templern in der Bretagne und in einigen Teilen der Normandie gab: Dort heißen sie die »roten Mönche«.

Und auch die Architektur des Bove spricht eine deutliche Sprache: So ist der große Saal über dem Grundriss eines keltischen Kreuzes erbaut und von seinem Innern führen rechteckige oder runde Durchgänge zu einem Rundgang mit sieben Einbuchtungen. Bedauerlicherwesie liegt der Bove des Chevaliers auf Privatgelände und kann nicht besichtigt werden.

Man vermutet, dass derartige künstliche Höhlen im Bauch der Erde aus der Zeit stammen, als der Orden noch jung war. Mag sein, dass die Mönchsritter damit den Anweisungen Bernhards von Clairvaux Folge leisteten: Denn er empfahl ihnen, sich abseits der Welt im Wald, in der Wildnis, im Geheimen eine geistige Zuflucht zu suchen.

»heilig«. Der Hiram des Meistergrades ist im 30. Grad der des letzten Templergroßmeisters Jakob von Molay. Mit Hiram aber ist der Baumeister des salomonischen Tempels gemeint – als dessen späte Nachfahren sich wiederum die Freimaurer verstehen.

Die Parallelen zwischen Templern und Freimaurern scheinen also nicht nachträglich hineininterpretiert, sondern tatsächlich vorhanden zu sein. Ob die Freimaurerlogen aber tatsächlich als direkte Nachfolger des mittelalterlichen Mönchsordens gelten dürfen, wird wohl – wie so viele andere Rätsel um die Templer – ein Geheimnis der Geschichte bleiben.

SCHLUSSBEMERKUNG

Nach wie vor zieht uns die Geschichte des Templerordens in ihren Bann – gerade weil dieser mönchische Ritterorden eindeutig nicht wie die anderen Orden seiner Zeit war. Er hat trotz der erdrückenden religiösen Intoleranz, in der die Menschen damals lebten, äußerst freiheitlich gedacht und auch gewagt, über den eigenen ideologischen Tellerrand hinaus zu schauen. Aber die Templer haben auch Großes auf dem Gebiet der Architektur, des Post- und Geldwesens in Europa geleistet. So gesehen haben sie auf ihre Weise – und sicher nicht ohne machtpolitische Hintergedanken – mit dafür gesorgt, dass Europa ein wenig zusammenwuchs.

ANMERKUNGEN

1 Zitat aus der Chronik Alberts von Aachen (1100–1158), Faksimileausgabe der historischen Fakultät Bochum 1996, S. 15.
2 Zitiert nach: Alain Demurger, *Die Templer. Aufstieg und Untergang 1120–1314*, München: Beck 1997, S. 61.
3 Zitiert nach: Michel Lamy, *Les Templiers*, Bordeaux: Aubéron 1997, S. 142.
4 Zitiert nach: Alain Demurger, a. a. O., S. 250.
5 Zitiert nach: Michel Lamy, a. a. O., S. 260f.
6 Zitiert nach: Alain Demurger, a. a. O., S. 241.
7 Ebd., S. 232.

LITERATUR

Demurger, Alain: *Die Templer. Aufstieg und Untergang 1120–1314*, München: Beck 1997

Hauf, Monika: *Der Mythos der Templer*, Solothurn: Walther [3]2001

Kersten, Holger/Elmar R. Gruber: *Das Jesus Komplott. Die Wahrheit über das Turiner Grabtuch*, München: Langen Müller 1992

Lamy, Michel: *Les Templiers*, Bordeaux: Aubéron 1997

Neundlinger, Ferdinand/Manfred Müksch: *Die Templer in Österreich. Auf den Spuren der geheimen Lehrmeister der Freimaurer*, Innsbruck: Studien Verlag 2001

Oslo, Allan: *Die Geheimlehre der Tempelritter. Geschichte und Legende*, Düsseldorf: Patmos [3]2000

Sippel, Hartwig: *Die Templer. Geschichte und Geheimnis*, Wien/München: Amalthea 1996

Terhart, Franjo: *Die Wächter des Heiligen Gral. Das verborgene Wissen der Tempelritter*, München: Hugendubel 1999

Ders.: *Der Schatz der Tempelritter. Verborgenen Reichtümern auf der Spur*, Bergisch-Gladbach: Bastei Lübbe 2002

DER AUTOR

Franjo Terhart, geboren 1954 in Essen, bis 1985 Latein- und Philosophielehrer, seitdem als Schriftsteller, Journalist und in der Erwachsenenbildung tätig. 1982 Kulturpreis für Lyrik der Stadt Essen. Seit 1991 Kulturbeauftragter der niederrheinischen Stadt Neukirchen-Vluyn. Zahlreiche Buchveröffentlichungen. Bei Hugendubel erschien von ihm *Die Wächter des Heiligen Gral. Das verborgene Wissen der Tempelritter.*

ZEITTAFEL

1095	Papst Urban II. ruft zum 1. Kreuzzug auf
1099	Die Kreuzfahrer erobern Jerusalem
1120	Gründung des Tempelritterordens
1128	Konzil von Troyes, Anerkennung des neuen Ordens
1139	Päpstliche Bulle: Privilegien für die Templer
1147–48	2. Kreuzzug
1149	Einweihung der neuen Grabeskirche
1187	Einnahme Jerusalems durch Saladin
1189–90	3. Kreuzzug
1191	Rückeroberung Akkons
1203–04	4. Kreuzzug
1208	Kreuzzug gegen die Albigenser/Katharer wird gefordert
1217–21	5. Kreuzzug; Versuch, Ägypten zu unterwerfen, scheitert
1228–29	Kaiser Friedrich II. erobert Jerusalem zurück
1244	Montségur: Verbrennung der Katharer
1258	Die Mongolen vernichten die Assassinen
1271	Fall des Krak des Chevaliers (größte Burg in Outremer)
1291	Fall Akkons, Ende von Outremer ist nahe
1303	Niederlage der Templer auf der Insel Ruad im heutigen Syrien
1307	Verhaftung der Templer in Frankreich
1312	Orden wird durch Papst Clemens V. aufgehoben
1314	Jakob von Molay stirbt auf dem Scheiterhaufen
1319	Gründung der Christusritter durch portugiesischen König Alfonso

REGISTER